SUBHUTI ANAND WAIGHT

Die GURUS, die STILLE und der BERG

Spirituelle Reisegeschichten
aus Tiruvannamalai

Der heilige Berg Arunachala, gilt als Manifestation Shivas.

„Geh zurück in den Zustand reinen Seins,
Wo das „Ich bin" in reinster Form existiert,
Noch nicht infiziert mit
„Ich bin dies" und „Ich bin das".
Falsche Identifikationen sind das Hindernis.
Wirf diese Last von dir ab."

Siddharameshwar Maharaj,
auch Beedi Baba genannt.

Für all jene, die den Berg besteigen

INHALT

DER MYSTIKER UND DER BERG

Im Halbdunkel der Morgendämmerung verlasse ich die Straße und biege in eine schmale Gasse ein, die im dunklen Schatten der Mauer an der Rückseite des Ashrams fast verborgen ist. Dies ist, so sagt man mir, der Weg, der zu den Stufen führt, die mich auf den Berg bringen werden. Auf diese Weise muss man nicht auf das Öffnen des hinteren Ashramtors warten und kann sich früh auf den Weg zu den Höhlen machen.

Doch vor mir lauert eine potenzielle Gefahr: Drei eingerollte, mitten auf dem Weg liegende Gebilde sagen mir, dass ich mich im Territorium der Straßenhunde befinde. Aber vielleicht gehören sie auch zu den Familien, die gegenüber der Ashrammauer in einer Reihe winziger Häuser noch tief und fest schlafen.

Werden mich die Hunde ohne großes Getöse vorbeilassen? Oder werden sie gleich eine spektakuläre Show für die ganze Nachbarschaft abziehen, indem sie wie verrückt bellen und mir den Weg blockieren? Ich versuche, möglichst entspannt und locker an ihnen vorbeizugehen, als täte ich das jeden Morgen.

„Hey, ist schon gut!", rede ich ihnen zu. „Ich gehöre zur Landschaft. Kein Grund zur Aufregung."

Keiner von ihnen zuckt auch nur mit einem Ohr. Sechs Uhr früh ist eindeutig nicht ihre Zeit, um hysterisch auf Fremde zu reagieren.

Dann verblassen die Häuschen hinter mir und der Weg führt mich wie erwartet zum Hinterausgang des Ashrams, der normalerweise bis etwa acht Uhr verschlossen bleibt. Hier beginnen die Stufen zu den Höhlen und ich fange an, langsam hinaufzusteigen.

Sonst ist keiner da. Die Bettler und die Sadhus, die Wasser- und Obstverkäufer, die tagsüber den Weg säumen, sind noch nicht auf ihren Plätzen. Keine Kundschaft zu so früher Stunde. Auch im Halbdunkel sind die gut geformten Stufen leicht zu nehmen. An beiden Seiten stehen Bäume, und irgendwo zu meiner Rechten vernehme ich den schrillen Schrei eines Affen oder eines Vogels, gefolgt von einer umso tieferen Stille.

Ich steige gleichmäßig den Pfad hinauf und komme nach wenigen Minuten zu einem Bild, das auf drei flachen Steinplatten gemalt ist. Es zeigt den Mystiker Ramana Maharshi, inmitten üppiger Natur sitzend. Und wa erweist sich als Appell zur Finanzierung eines Wiederaufforstungsprojekts, mit dem die grünen Baumwipfel und die Tierwelt des Bergs Arunachala erhalten werden sollen.

Hier ist auch die Stelle, wo früher der innere Rundweg um den Arunachala anfing. Arunachala, der heilige Berg, gilt als Manifestation Shivas und wird von den gläubigen Hindus wie ein Tempel umrundet.

In jeder Vollmondnacht beschreiten Tausende von Pilgern diese zwölf Kilometer lange *Girivalam-Route*, die normalerweise am Tor des Ramana-Ashrams beginnt und auch dort endet. *Pradakshina*, wie dieser Pilgerweg auch genannt wird, bildet den äußeren Ring um den Arunachala und ist heute eine gut asphaltierte, hell erleuchtete, ringförmige Straße mit Cafés, Restaurants, Dutzenden von Tempeln – und allen erdenklichen Dingen, die hier käuflich zu erwerben sind.

Früher gab es auch einen speziell bei Leuten aus dem Westen beliebten inneren Pfad, der sich durch die Wälder schlängelte und ebenfalls rund um den Berg herumführte, abseits des Verkehrs und der Massen. Er existiert immer noch, wurde aber von der Polizei zum Sperrgebiet erklärt, weil seine zunehmende Popularität leider ein Menge Probleme mit sich brachte: Belästigungen von Frauen, Raubüberfälle und Schlimmeres.

Während ich auf dem Hauptweg weitergehe, beobachte ich, wie der Himmel heller wird. Bald wird die Sonne ihre rote Nase über den Horizont stecken und die kühle Bergluft wird sich rasch erwärmen, sodass die Temperatur schnell bis zur 30-Grad-Marke und darüber ansteigen wird. Nach halbstündigem stetigem Aufstieg, der fast keinen Ausblick bietet, trete ich auf einen Felsvorsprung hinaus und der Blick öffnet sich. Von hier hat man eine tolle Aussicht auf die Stadt Tiruvannamalai und den massiven Shivatempel *Arunachaleswara*, der das Stadtzentrum beherrscht.

In diesem Tempel war es, dass Ramana als junger Mann in tiefer Trance wie tot dalag, während Mäuse an seinen Füßen knabberten und Ameisen ihm in die Beine bissen. Dort haben wohlmeinende Menschen ihn entdeckt und weggebracht und ihn in der Gegend eine Zeitlang von Tempel zu Tempel, von Ort zu Ort eskortiert, bis er sich schließlich dafür entschied, in den Höhlen auf dem Berg zu leben.

Der Blick von hier oben ist spektakulär, und ich teile das Panorama mit einem Paar großer Vögel, Bussarden oder Adlern, die still über mir dahinsegeln, sich vom Aufwind nach oben tragen lassen und dann mühelos die Hänge des Arunachala entlang herabgleiten, zweifellos auf der Suche nach einer ersten Mahlzeit.

Mein Weg geht jetzt nicht mehr bergauf. Ab diesem Punkt wird er flacher und der Weg geht leicht nach unten. Urplötzlich, als *Skandashram* beinahe in Sicht ist, macht sich eine kleine Horde rotgesichtiger Affen bemerkbar, die zwischen den Bäumen zu meiner Linken herumhuschen. Sie beäugen mich mit taxierendem Blick, ob ich wohl irgendetwas Essbares bei mir trage. Das ist eine eingefleischte Angewohnheit, die man ihnen nicht übelnehmen kann, denn tagsüber sitzt hier oft eine Frau, die den Pilgern Bananen verkauft. Die Leute verfüttern sie an die Affen, während sie mit ihren Handys Schnappschüsse von ihnen machen. Die Bananenfrau ist noch nicht da, und ich habe kein Futter anzubieten.

„Fehlanzeige, Jungs!", verkünde ich fröhlich, während ich im Vorübergehen nervös ein Auge auf sie gerichtet halte. Affen können wirklich Spaß machen! Aber eine Begegnung mit ihnen kann auch böse enden, etwa wenn man von einem gebissen wird. Man muss dann eine ganze Serie von Tollwutinjektionen und andere Vorsichtsmaßnahmen über sich ergehen lassen.

Zum Glück verlieren die Affen schnell ihr Interesse an mir und wenige Minuten später bin ich angekommen: *Skandashram*, die Höhle, in der Ramana sieben Jahre lang lebte, nachdem er zum Arunachala gekommen war. Hier schloss sich ihm seine Mutter an, die mit ihm meditierte und ihm das Essen zubereitete. Das war eine praktische Notwendigkeit, weil Ramana keinerlei Interesse am Essen zeigte, außer wenn er dazu eingeladen wurde.

Es gibt eine nette Anekdote über einen kleinen Jungen, der beim Herumstreunen auf dem Berg nahe seiner Behausung unerwartet auf Ramana traf, der auf einem Stein saß und nichts tat.

„Was machst du hier so allein?", fragte der Junge.

„Daheim gab es Probleme, also bin ich fortgegangen", antwortete Ramana.

„Und was ist mit deinem Essen?", fragte der Junge.

„Ich esse, wenn mir jemand etwas zu essen gibt", erwiderte der Mystiker.

Besorgt bot ihm der Knabe seine Hilfe an. Er wollte Ramana helfen eine Arbeit zu finden, damit er sich vom Lohn etwas zu essen kaufen könne. Der stimmte bereitwillig zu, aber natürlich kam es nie dazu. Also mussten Ramanas hingebungsvolle Anhänger dafür sorgen, dass er etwas zu essen hatte.

Als seine Mutter verstarb, erklärte Ramana sie für erleuchtet. Ihr *Mahasamadhi* befindet sich unten im Ashram, gleich neben seinem.

Wie ich erwartet habe, ist *Skandashram* zu dieser Tageszeit geschlossen und bleibt es bis 8.15 Uhr, wenn die Wächter, die jetzt noch innerhalb der Mauern schlafen, die Tore für die Besucher öffnen. Ich könnte hier warten, bis es so weit ist. Diesmal bin ich aber nicht daran interessiert hineinzugehen, wie bei einem früheren Gang auf den Berg. Und ich verspüre auch keine Neigung, zur zweiten Höhle, *Virupakshi*, wo Ramana ebenfalls lebte, hinunterzugehen.

Was mich anzieht sind nicht spezielle Orte. Es ist eher das allgemeine Gefühl von „Angekommensein", als würde der Berg Arunachala ein Energiefeld ausstrahlen, das Suchende und Meditierende willkommen heißt und ihnen das Gefühl vermittelt, der „Quelle" nahe zu sein.

Bestimmt war es auch genau das, was Ramana zum Arunachala hinzog. Er pflegte zu sagen, die Kraft dieses Berges sei von den Hunderten von Yogis, Sadhus und Siddhas hervorgebracht worden, die hier in früheren Jahrhunderten meditierten.

Einer Legende zufolge sitzt Ramana immer noch in einer goldenen Höhle tief im Inneren des Arunachala, umringt von erleuchteten Rishis und Heiligen, und alle sind versunken in reinem Bewusstsein, dessen Licht sie in die Welt ausstrahlen.

Nette Geschichte. Nicht den Fakten entsprechend, natürlich – aber als spirituelles Gleichnis birgt sie eine Wahrheit, die für jeden, der zum Meditieren hierherkommt, spürbar wird.

Ramana Maharshi am Berg Arunachala

Heute halte ich allerdings nicht Ausschau nach der goldenen Höhle. Vielmehr schiele ich nach dem Pfad der zum Gipfel des Berges führt, der beim *Skandashram* beginnt, in Windungen eine Felswand überquert und weiter oben dem Blick entschwindet.

Den Berg bis zum Gipfel zu besteigen ist eigentlich nicht erlaubt. Auch hier fand die Polizei es nötig einzugreifen, nachdem ein Tourist ums Leben kam, der sich bei einem Absturz verletzt hatte und nicht mehr herunterkonnte. Das Verbot wird allerdings nicht streng gehandhabt. Meistens ist keine Polizei vor Ort, um irgendjemanden daran zu hindern, nach oben zu pilgern.

Mir wird klar, dass es keinen Sinn macht, den Gipfel zu besteigen. Die Einladung des Arunachala an uns alle besteht vielmehr darin, den Blick nach innen zu richten, den inneren Berg des Bewusstseins zu besteigen und den ewigen Schatz des Selbst wieder in Anspruch zu nehmen.

Trotzdem, an diesem herrlichen Morgen und kein Mensch weit und breit ... welch eine Versuchung!

1.

DAS TAO
DES
ÜBERGANGS

Sie war blond, gut aussehend und so hilfsbereit, wie jemand vom Flughafenpersonal nur sein konnte. Aber leider war sie ohnmächtig gegenüber einem computergesteuerten Check-In-System, das nicht machte, was von ihm zu erwarten gewesen wäre.

„Ich fürchte, Sie werden es zeitlich nicht schaffen", sagte sie teilnahmsvoll und gab mir meine Bordkarte zurück.

Über eine halbe Stunde lang hatte ich einen der Check-In-Schalter der Air India am Flughafen Kopenhagen in Beschlag genommen. Es ist erstaunlich, dass die anderen Passagiere, die hinter mir in der Schlange warteten, nicht frustriert zu schreien anfingen. Zwei Bekannte von mir, die mit mir eincheckten, hatten zehn Minuten lang geduldig gewartet und mir dann signalisiert, dass sie schon mal durch die Sicherheitskontrolle gehen würden. Ich nahm es ihnen nicht übel.

Die Blondine hatte bereits ihren Vorgesetzten herbeigerufen, einen effizient wirkenden, glattrasierten jungen SAS-Angestellten, der wie ein Model für After-Shave-Werbung aussah. Zusammen wirkten beide wie das dänische Traumpaar. Er probierte es. Sie probierte es. Sie probierten es gemeinsam. Dann konsultierten sie ein Handbuch. Sie gaben alle möglichen Codes ein, aber gegen das Computersystem kamen sie nicht an. Sie riefen ihren Super-Supervisor herbei, eine extrem intelligent aussehende weibliche Führungskraft, die speziell von der Air-India-Zentrale in Delhi abgestellt war. Sie verfügte über einen High-Tech-Verstand und hatte Kompetenzen, mit denen sie sich über jedes Problem hinwegsetzen konnte. Außer diesem.

Das Problem bestand darin, dass ich mir ein Flugticket von Kopenhagen nach Delhi gekauft und ein paar

Wochen später einen Anschlussflug von Delhi nach Chennai hinzugebucht hatte, beides bei Air India. Doch das System weigerte sich, die beiden Flüge miteinander zu verknüpfen. Warum? Wegen einer Panne, die als „Name Mismatch (Name stimmt nicht überein)" angezeigt wurde. Dussel, der ich war, hatte ich bei einem der Tickets meinen zweiten Vornamen angegeben, beim anderen jedoch nicht. Fehler!

Die Super-Supervisor-Lady setzte ihre ganze Autorität ein. Es half nichts! Sie rief bei der Zentrale in Delhi an. Es half nichts! Mit einer Entschuldigung gab sie mir meine Bordkarte zurück.

Das hieß, dass ich bei meiner Ankunft auf dem Indira-Gandhi-Flughafen in Delhi ganz aus Terminal 3 raus musste, um dann wieder neu einzuchecken, anstatt die beschleunigte interne Transferroute zu durchlaufen. Die Zeit zwischen meinen beiden Flügen war also knapp bemessen.

Wie bei dem niedrigen Budget der Air India zu erwarten war, gab es alte Filme und ein noch älter aussehendes „Asiatisches Vegetarier-Menü". Ich war aber froh, dass der Flug angenehm und schnell verlief. Stolz verkündete der Kapitän: „Ich freue mich, Ihnen mitteilen zu können, dass wir 20 Minuten früher landen werden."

Eine gute Nachricht! Aber die schlechte Nachricht folgte auf dem Fuß. „Es tut mir leid, Ihnen mitteilen zu müssen, dass unsere Andockstation noch nicht bereit ist", fügte er hinzu.

Es sollte noch schlimmer kommen. Das Touristen-PR-Video auf dem Bildschirm an der Rückenlehne meines Vordermanns zeigte Delhi als eine Stadt mit sauberer Luft unter einem hellen, sonnigen Himmel. Leider erzählte die graue Suppe vor den Fenstern unserer

Maschine etwas anderes. Aufgrund der starken Luft-verschmutzung bildet sich frühmorgens Nebel und so wurden wir in einen „weiter entfernten Teil" des Flug-hafens umdirigiert. Man informierte uns, innerhalb von zehn bis fünfzehn Minuten könnten Busse da sein - oder auch nicht.

Der Flug nach Delhi verlief ereignislos.

„Das war's", murmelte ich vor mich hin. Das war genau der Zeitpuffer, den ich gebraucht hätte, um nicht in Panik zu geraten. Doch dann kam plötzlich Bewegung in die Leute, das Flugzeug leerte sich, und prompt fand ich mich im Bus wieder. Wow, wie konnte das so schnell passieren? In Kopenhagen hatte es ewig gedauert, bis ein paar von den wohlgerundeten indischen Damen mittleren Alters mit ihren Saris an Bord des Flugzeugs schlurften. Nun stürzten sie los wie Greyhounds aus der Startbox beim Windhundrennen.

Der Bus setzte uns bei der Ankunft ab und ich raste zur *Immigration* (Einwanderungsbehörde). Die war in einer langen strahlend weißen Halle mit endlosen Schaltern, und gottlob war sie fast leer! Dummerweise war sie auch fast leer von Einwanderungsbeamten.

Ich sah das E-Visa-Schild – viele Schalter, aber nur einer war besetzt. Egal, irgendwie schaffte ich es, Zweiter in der Schlange zu sein. Das Paar vor mir brauchte ewig für die Abfertigung – sie mussten digitale Fingerabdrücke abgeben, indem sie ihre Finger und Daumen auf eine kleine, grün beleuchtete Schachtel legten. Als ich an der Reihe war, stempelte der Mann meinen Pass und winkte mich beiläufig durch.

„Kein Fingerabdruck?", fragte ich überrascht, als meine Neugierde kurzzeitig über das Bedürfnis nach Eile triumphierte.

„Sie sind ein *Senior Citizen*", sagte er mit einem Lächeln und machte eine scherzhafte Geste des Abnickens. Aha! Ältere, weiße Engländer sind offenbar kein internationales Sicherheitsrisiko.

Ich schnappte mir meinen Koffer vom Gepäckband, verließ das Terminal 3 und trat hinaus in den kalten, düsteren Nebel dieses trüben Delhi-Morgens, um ganz schnell wieder durch die Abflughalle hineinzugehen.

Wie befürchtet, war es ein Irrenhaus. Höfliche Warteschlangen sind kein natürlicher Teil der indischen Kultur. Das muss von den britischen Kolonialherren eingeführt worden sein. Es scheint zwar Schlangen zu geben, aber nur dem Namen nach. In Wirklichkeit geht es darum, wer sich am besten bis zum Schalter vordrängeln und am lautesten schreien kann.

Ich erspähte einen fähig aussehenden Beamten, der einen Sicherheitsausweis um den Hals hängen hatte.

Er schien Zeit zu haben und konnte vielleicht ein zusätzliches Trinkgeld gut gebrauchen.

„Ich werde meinen Flug verpassen!", flehte ich ihn an.

Er nickte, nahm meinen Trolley und geleitete mich bis zum äußersten Ende des Check-In-Bereichs der Air India, wo es ihm gelang, einen Schalter zu finden, an dem er mich einchecken ließ.

Großartig! Natürlich verdiente er eine Belohnung. Ich hatte aber keine Rupienscheine. Unvorsichtigerweise hatte ich sie in England gelassen, bevor ich nach Kopenhagen reiste. Alles, was ich hatte, waren Zehn-Pfund-Noten im Wert von je 800 Rupien. Das war natürlich viel zu viel für ein Trinkgeld, aber, hey, er hat mir das Leben gerettet! - Einen schönen Tag noch!

Als Nächstes zur *Security* - und zu meiner Bestürzung sah ich dort sehr lange Schlangen, streng geregelt durch Reihen von Absperrgurten, die im Zickzack die Menge eindämmten und sich endlos fortzusetzen schienen. Die engen Gänge waren mit Menschen vollgestopft, und das Herz rutschte mir in die Hose. Die Uhr tickte.

Ich nahm all meine schauspielerischen Fähigkeiten zusammen und spielte zum zweiten Mal innerhalb von zehn Minuten den hilflosen Touristen, näherte mich atemlos einer Polizistin und hielt ihr meine Bordkarte hin.

„Ich habe Angst, meinen Flug zu verpassen!", rief ich aus. Sie schaute auf meine Einstiegszeit, zeigte sich unbeeindruckt.

„Das schaffen Sie schon", sagte sie und nickte in Richtung Warteschlange.

Keine Überholspur bei dieser Lady. Als ich mich am Ende der Reihe anstellte, reflektierte ich einen Augenblick lang die Dummheit meines panischen Verhaltens. Ich hatte mich benommen, als ginge es um Leben und Tod, nur weil ich dieses Flugzeug erreichen wollte. Wie absurd!

Schließlich war ich doch nach Indien gekommen, um hier zu meditieren, meinen inneren Frieden zu finden und weltliche Anhaftungen loszulassen. Ich war auf dem Weg zum Ashram von Ramana Maharshi, einem Mystiker, der von weltlichen Angelegenheiten nicht angefochten war, das ging so weit, dass er sich nicht einmal die Mühe machte, eine Ameise von seiner Haut abzustreifen, selbst auf die Gefahr hin, gebissen zu werden.

Außerdem hatte ich mittlerweile herausgefunden, dass es noch zwei weitere Air-India-Flüge nach Chennai an diesem Nachmittag gab, sodass ich, selbst wenn ich diesen verpasste, spätestens am Abend in Tiruvannamalai sein würde.

Von dieser Stimme der Vernunft etwas besänftigt, holte ich mehrmals tief Luft und versuchte mich zu entspannen und mich meinem Schicksal zu überlassen.

Da sah ich meine beiden Reisebegleiterinnen aus Kopenhagen, die kurz vor den Röntgengeräten im Sicherheitsbereich standen. Sie hatten den schnellen Weg über den internen Transfer nehmen können. Ich zögerte einen Moment, aber dann, spirituelle Gelassenheit hin oder her, duckte ich mich unter einem halben Dutzend Absperrbändern durch, um zu ihnen zu gelangen. Ich wartete darauf, dass mich jemand deswegen anbrüllen würde. Aber nichts geschah. Es sieht so aus, als ob das Ignorieren von Warteschlangen hier mehr als anderswo toleriert wird. Jeder weiß, wie riskant es bei diesen Menschenmassen sein kann, eine

Maschine in letzter Minute erwischen zu wollen. Während ich durch die Sicherheitskontrolle ging, verlor ich beinahe meine Bordkarte, als ich meine Habseligkeiten in kleine blaue Boxen stopfte, die auf dem Laufband von mir wegrollten. Als Nächstes fand ich mich mit erhobenen Armen auf einer kleinen Kiste stehend wieder, während ein Polizist mich am ganzen Körper mit einem Metalldetektor forsch abtastete. Wie oft musste ich mir denn noch mit diesem Ding über den Hintern streichen lassen? Endlich stempelte der gelangweilte Polizist meine Bordkarte ab und winkte mich durch.

Nun kam ich gut voran auf meinem langen Weg zu Gate 29A. Terminal 3 erschien mir allerdings so riesig wie ganz Delhi. Große Videobildschirme zeigten Bilder von entspannt lächelnden jungen Reisenden, die mich alle wissen ließen, wie effizient und modern dieser Terminal doch sei. Wie nett von ihnen.

Es war ein langer, langer Marsch, und als ich endlich ankam, stellte ich fest, dass das Gate noch nicht geöffnet war. Der Zeitplan für das Boarding hatte sich verzögert ...

Zeit für eine Tasse Kaffee und den ersten *Veg Puff* meines diesjährigen Indienaufenthalts. Wie gewohnt bewirkte schon der erste Bissen in diese herzhafte Gemüsepastete, die man an jedem Flughafen in Indien bekommt, dass die Krümmel über meine Hose rieselten. Aber das war egal.

Ich hatte es geschafft!

2.

ICH GLAUBE, ES WIRD MIR HIER GEFALLEN

Unser Taxi umfährt die Stadt Tiruvannamalai, vorbei an den Toren von Ramanas Ashram, steuert ein paar Kilometer in Richtung untergehender Sonne und setzt uns schließlich vor einem Gästehaus ab.

Mein erster Eindruck ist, dass ich Tiru nicht mag. Es ist zu geschäftig, zu laut, die Luft mit Abgasen zu verpestet. Aber ich weiß auch aus langer persönlicher Erfahrung als ewig wandernder Nomade, dass es mir auf den ersten Blick nirgends gefällt.

Aus unbekannten Gründen – die vielleicht auf irgendein früheres Leben zurückgehen, als ich mit Moses auf der Suche nach dem Gelobten Land in der Wüste umherirrte – ist mein erster Eindruck von einem Ort immer derselbe: „Das ist nicht das, wonach ich suche. Nichts wie weg hier!"

Anstatt diesem wiederkehrenden Impuls zu folgen, atme ich ein paar Mal tief durch, gebe mir die Anweisung, mich zu entspannen, nehme die herrliche Aussicht auf den Arunachala wahr und genieße eine warme Umarmung mit meiner Freundin Gayatri, die wie ich einen indischen Namen angenommen hat. Sie hat freundlicherweise meinen Aufenthalt arrangiert und heißt mich nun willkommen.

Gottseidank hab ich Freunde, die die örtliche Szene kennen. Wäre ich als völliger Neuling Anfang Januar hier angekommen, in der touristischen Hochsaison, wäre es schwierig gewesen, überhaupt eine Unterkunft zu finden. Doch Gayatri, meine niederländische Freundin und Gastgeberin in Tiru, war schon mehrmals hier. Seit sie sich kürzlich die Haare ganz abrasiert hat, sieht sie mit ihrem kahlen Kopf, der sonnengebräunten Haut und dem rätselhaften Lächeln für jedermann wie eine tibetisch-buddhistische Nonne aus.

Als sie mich begrüßt, entnehme ich ihrem Gesichtsausdruck jene zeitlose, rätselhafte Qualität einer Person, die gerne fernab der Welt und deren Hektik lebt. Sie liebt Tiru und war so freundlich, mir eine kleine Wohnung am Rande der Stadt reservieren zu lassen.

Ich hatte zuvor übrigens auch an den Ramana Ashram geschrieben und angefragt, ob ich ein paar Tage im Ashram wohnen könne, was für jeden möglich ist. Es ist sogar eine empfehlenswerte Methode, um hier anzukommen, weil man sofort mittendrin ist. Und es gibt einem Zeit, sich nach einem Platz außerhalb des Ashrams umzusehen. Aber Anfang Januar ist Ramanas Geburtstag, der traditionell am ersten Vollmond nach seinem eigentlichen Geburtstag gefeiert wird, und alle Gästeplätze im Ashram sind schon seit Monaten ausgebucht.

„Ich hoffe, es gefällt dir, es gab keine große Auswahl", sagt Gayatri entschuldigend, als wir die Tür meines neuen Zuhauses aufschließen.

Es gefällt mir nicht. Es ist kahl, hässlich, Neonröhren leuchten grell von der Decke und es ist voller Mücken. Dazu wird es mich 700 Rupien pro Tag kosten, was mehr ist, als ich im Budget vorgesehen hatte. „Letztes Jahr waren es 500, aber die Preise steigen", erklärt Gayatri. Natürlich verändert sich Tiru. Da immer mehr Leute davon erfahren, steigt die Nachfrage nach Unterkünften, und mit ihnen sprießen auch die Träume der Einheimischen vom Reichtum. Besucher wie ich machen das Leben für Besucher wie mich schwieriger.

„Es ist toll, danke!", sage ich zu Gayatri, tapfer gelogen. Sie umarmt mich noch einmal, sagt mir, der Vermieter sei schon auf dem Weg, und wir verabreden uns für später zum Abendessen.

In der Zwischenzeit mache ich mich an die Moskito-vernichtung. Als ich einige mit flacher Hand zerklat-sche, sind meine Hände voller Blut. Der letzte Mieter muss ihnen ein wahres Festmahl angeboten haben. Vielleicht hat er die Tür nachts offen gelassen, oder vielleicht – eine grauenhafte Vorstellung – gibt es Löcher im Moskitonetz der Fenster.

Der Vermieter ist ein kleiner, stämmiger Kerl um die fünfzig, mit einem hängenden schwarzen Schnurrbart, der ihn eher wie einen mexikanischen Banditen aus einem alten Westernfilm aussehen lässt. Er fährt ein Motorrad, trägt ein weißes Hemd und hat keine Hose an; als Einheimischer trägt er stattdessen einen Lunghi oder Sarong.

Er spricht nicht viel Englisch, aber die universelle Sprache des Geldes verstehen wir beide. Ich möchte ihm nur eine Woche bezahlen, in der Hoffnung, eine bessere Bleibe zu finden. Aber er will das Geld für zwei Wochen haben, mindestens.

Okay, ich gebe nach.

Ich überreiche ihm 9.800 Rupien und wir vereinba-ren, uns morgen wieder zu treffen, um das notwendige „C-Formular" auszufüllen, die von der Polizei verlangte Registrierung von Ausländern.

Ich weiß, dass ich bis heute Abend nicht alle Mos-kitos töten kann, aber das ist okay, denn ich habe ein Moskitonetz in meinem Reisegepäck, das ich schnell über dem Bett anbringe. Ich nehme mir vor, mir einen dieser elektrischen Mückenzapper in Form eines Tennisschlägers zu kaufen, der eine Mücke im Flug zappt; vorausgesetzt man spielt eine ebenso treff-sichere Rückhand wie Roger Federer.

Außerdem werde ich einen Mückenschutz für die

Steckdose kaufen, und wenn alles andere fehlschlägt, dann habe ich noch eine große Tube des legendären ‚Odomos'-Mückenschutzmittels, das in Indien hergestellt wird und das wir früher, in den Siebziger Jahren, immer verwendeten. Damals war es eine grüne Paste und roch ekelhaft. Jetzt ist sie weiß und fast geruchlos. Ich hoffe, es funktioniert dennoch.

Falls du es noch nicht bemerkt haben solltest: Ich habe eine Aversion gegen Stechmücken. Und ich habe Angst Malaria und das gefürchtete Dengue-Fieber zu bekommen, das normalerweise nicht tödlich ist, aber oft sehr schmerzhaft verläuft. Das will man nicht unbedingt erleben.

Mein Hauptgrund ist jedoch eher banaler Natur: Ich weiß aus langer Erfahrung, dass eine einzige einsame, hungrige Mücke mir total den Schlaf rauben kann. Deshalb gehört es zu meiner Routine bei der Ankunft in Indien, mir eine möglichst moskitofreie Zone zu schaffen. Übrigens bin ich in Bezug auf Indien ein alter Hase – allerdings hatte ich mich bis jetzt noch nie südlicher als Goa bewegt.

Ich habe auch zwei Bettlaken und ein weiches Kissen mitgebracht. Man hatte mich vorher gewarnt, dass die Vermieter in Tiru oft keine Laken zur Verfügung stellen und außerdem scheinen die Kopfkissen in indischen Gästehäusern oft mit Beton gefüllt zu sein - wie viele Reisende aus harter Erfahrung wissen.

Nun, nachdem ich meine Basis-Überlebensausrüstung installiert habe, ziehe ich mich aus und gehe ins Bad. Der Durchlauferhitzer funktioniert und der Brausenkopf schickt einen angenehmen Wasserstrahl auf meinen Körper. Das ist mehr, als ich erwartet habe. Oft ist in preiswerten Unterkünften nur eine kalte

Dusche vorhanden – und nicht selten bloß ein Eimer und ein Wasserhahn.

Während des Duschens stelle ich fest, dass ich kein Handtuch mitgebracht habe und der Vermieter keins zur Verfügung gestellt hat. Okay, kein Problem. Ich habe so viele Lagen Kleidung, die bei der Abreise aus dem elenden Winter in Dänemark unerlässlich waren, aber nach der Ankunft in Tiru überflüssig sind. Also nehme ich einfach ein Unterhemd zum Abtrocknen.

Morgen werde ich Handtücher kaufen. Einen praktischen Tipp hat Gayatri mir schon gegeben, nämlich, zwei sehr dünne Handtücher zu kaufen. Sie trocknen schnell, auch in der Wohnung, und man hat immer eins zur Hand.

Ich schlüpfe in ein frisches T-Shirt und meine alte Jeans, schließe die Wohnung ab und mache mich auf den Weg zum Ashram. Ich weiß, dass dies der eigentliche Test sein wird. Wenn mir der Ashram nicht gefällt, kann ich nicht länger als ein paar Tage hier bleiben. Wenn er mir gefällt, könnte es sein, dass ich monatelang bleibe.

Ich winke eine gelbe Riksha herbei und der Fahrer fährt mich in die Stadt und setzt mich vorm Tor ab. Das geschwungene grüne Schild über dem Eingang verkündet: „SRI RAMANASRAMAM".

Als ich durch das Tor trete, bin ich erleichtert, vom Straßenlärm abgeschirmt zu sein. Der ganze Platz ist von einer dicken Steinmauer umgeben, die einen wirksamen Schutz vor der Welt da draußen bietet.

Ich verstaue meine Schuhe im Schuhbüdchen auf der linken Seite des Eingangs und halte inne, um die Technik des „Schuhhüters" zu bewundern. Er sitzt am Tisch, steckt das Ende eines langen Bambusstabes in einen meiner Schuhe, ergreift das andere Stabende, schwenkt herum und deponiert den Schuh präzise auf dem Regal hinter sich. Er tut dies ein zweites Mal, und seine Arbeit ist getan. Dafür braucht er nicht einmal vom Stuhl aufzustehen.

Das Eingangstor zum Ramana Maharshi Ashram

Vorsichtig gehe ich über den sandigen Kies in den Ashram, beschattet von großen Mandelbäumen und Kokospalmen. Über dem Bürodach strahlt eine riesige Bougainvillea in voller Blüte, violett und rosa.

Hier herrscht ein geschäftiges Treiben, Leute kommen und gehen, aber gleichzeitig ist die allgemeine Stimmung ruhig und gelassen. Die Atmosphäre gefällt mir und gibt mir das Gefühl in einer geborgenen Oase zu sein, geschützt vor dem Irrsinn des Alltagslebens.

Ich weiß nicht, wohin ich gehe, steige aber ein paar Stufen empor und biege dann nach links ab, zum - wie ich später erfahre - *Samadhi* (Grabstätte) von Ramanas Mutter, das an der Längsseite der großen Halle liegt, in der sich auch Ramanas Samadhi befindet. Ich folge dem Menschenstrom, gehe um das Samadhi der Mutter herum und komme dann durch einen Seiteneingang in die Haupthalle.

Immer noch der Menge folgend, beginne ich, in langsamen, ritualisierten Kreisen um Ramanas Samadhi herumzugehen, wo eine Gruppe von Brahmanenpriestern und jungen Knaben die Veden rezitiert.

Der Saal ist voller Menschen, die Frauen sitzen auf der einen, die Männer auf der anderen Seite. Zu meiner Überraschung sehe ich zwei Hunde ausgestreckt auf dem Boden liegen, die mitten in dem ständigen Kommen und Gehen ihr Nickerchen machen. Da niemand sie rauszuwerfen versucht, gehören sie offenbar dazu.

Schon bald hören die vedischen Gesänge auf und im Saal beginnt ein leiser Singsang, bei dem Männer und Frauen sich abwechseln, als würden sie sich gegenseitig antworten. Es klingt wunderbar, und viele scheinen den Text zu kennen.

Das ist ein vielversprechender Anfang - aber ich kann nicht bleiben. Ich habe eine Verabredung zum Dinner mit Gayatri und den beiden Frauen, die mit mir im Flugzeug waren. Wir genießen zusammen ein leckeres indisches Essen, danach begebe ich mich in mein neues Zuhause. Zu meiner großen Freude hat die Anzahl der Mücken nicht zugenommen, was bedeutet, dass die Fensternetze intakt sind. Ich schlüpfe in dieser ersten Nacht unter mein Moskitonetz und genieße den hundertprozentigen Schutz.

Nachdem ich das Licht ausgemacht habe, fühle ich mich warm, geborgen und entspannt, als wäre ich von einer langen Reise heimgekehrt.

„Ich glaube, es wird mir hier gefallen", sage ich zu mir. Und schlafe ein.

3.

MOOJI
UND
DIE PIZZERIA

In der Haupthalle von Ramanas Ashram wird gesungen. Ich stehe draußen, genieße den melodischen Widerhall der männlichen und weiblichen Stimmen, beobachte das Längerwerden der abendlichen Schatten – und denke an Pizza.

Ich war den ganzen Nachmittag allein, und nun möchte ich zum Abendessen Gesellschaft haben. In der Halle sind mindestens ein halbes Dutzend Leute, die ich kenne, flüchtige Bekannte und Freunde. Wer als Erstes herauskommt, auf den fällt mein Los.

Ramana Maharshi hat, wie viele wissen, die Frage „Wer bin ich?" als eine Form der Selbsterforschung und Selbsterkenntnis bekannt gemacht. Heute habe ich in Momenten des Alleinseins eine Variante davon erforscht: „Wer bin ich ohne andere Menschen?" Es kam keine Antwort in Worten, aber das Gefühl war interessant und mir war ein bisschen mulmig.

Aus der Halle kommt Hannah. Sie begrüßt mich mit einem warmen Lächeln und stellt sich neben mich. Hannah ist Deutsche, Mitte dreißig, freundlich und direkt, mit strohfarbenem Haar und grünen Augen. Wir kennen uns nur flüchtig, nachdem wir uns in einem Meditationszentrum in Dänemark kurz begegnet waren.

„Wollen wir zusammen zu Abend essen?", frage ich.

„Ja", antwortet sie, „aber lass uns auf Marie warten."

Fünf Minuten später taucht Marie aus der Halle auf. Sie ist ebenfalls aus Deutschland, groß mit dunklem Haar, von Natur aus etwas zurückhaltend, und auch an einem Abendessen interessiert. Wir besprechen, wohin wir gehen wollen und entdecken, dass wir heute alle nicht besonders scharf auf ein indisches Thali sind.

„Es gibt einen Laden in der Nähe meines Gästehauses", schlage ich vor. „Die haben jeden Mittwoch und Samstag Pizza." Hannah und Marie sind einverstanden. Draußen vor dem Ashramtor steigen wir in eine Riksha und brausen im dichten Verkehr davon. Es wird langsam dunkel, und die Lichter der Geschäfte blinken.

Plötzlich brüllt mir Hannah ins Ohr: „Mooji!"

Ich höre es nicht richtig und vermute, dass sie einen alten Freund entdeckt hat.

„Stopp! Stopp!", ruft sie dem Rikshafahrer zu.

Der ist verwirrt, und ich auch, aber von Hannahs Aufregung angesteckt, sage ich zum Fahrer, er soll an die Seite fahren und warten. „Wir kommen wieder! Und wir bezahlen fürs Warten", versichere ich ihm, und er scheint damit zufrieden. Diese Westler haben sowieso einen Knall. Hannah läuft die Straße ein Stück zurück, Marie und ich im Gefolge. Ein Grüppchen Leute steht beim Tor eines Gästehauses.

„Es ist Mooji!", ruft Hannah atemlos. „Meine Freundin ist verrückt nach ihm! Ich muss unbedingt ein Foto machen und es ihr schicken!"

Erst jetzt verstehe ich ihre Aufregung. Sie hat den spirituellen Lehrer Mooji aus Jamaika hier auf der Straße entdeckt, und deshalb haben wir angehalten.

Wir schließen uns der kleinen Gruppe um Mooji an. Da sind zwei oder drei westliche Frauen, alle freundlich lächelnd, die offenbar jeden willkommen heißen, der zufällig aufkreuzt. Wie wir, zum Beispiel.

Mooji sagt gerade „Hello" zu mehreren indischen Männern, die ihn offensichtlich aus früheren Jahren kennen, als er hier in Tiru Stammgast war. Mir war bereits zu Ohren gekommen, dass Mooji eventuell in der Stadt sein könnte, um den Schrein seines Gurus Ramana zu besuchen, aber er würde hier wahrscheinlich keinen Satsang geben, weil er dafür bald in Rishikesh erwartet wird.

Ich mache ein Foto, Hannah macht ein Foto, aber dann habe ich eine Idee: „Hey, Hannah, wenn du deine Freundin wirklich beeindrucken willst, sollten wir uns mit Mooji zusammen fotografieren lassen."

Hannah zögert, aber der Mann, von dem wir reden, scheint dafür offen zu sein. Also mache ich ein paar Schritte auf ihn zu und frage: „Mooji, wären Sie so freundlich, meiner Freundin und mir zu erlauben, uns mit Ihnen fotografieren zu lassen?"

„Natürlich", sagt er.

Also legen wir unsere Arme umeinander, wie alte Freunde, während Hannah sich schüchtern von der anderen Seite an ihn schmiegt. Eine von Moojis schönen Assistentinnen tippt hektisch auf dem Display meines Mobiltelefons herum.

Mooji, muss ich sagen, strahlt eine wunderbare Energie aus. So nahe bei ihm kann ich es fühlen. Wir danken ihm, verabschieden uns, gehen zurück zur Riksha und wollen uns die Bilder anschauen. Zu unserem Staunen sind keine vorhanden. Nur das eine, das ich aufnahm. Die nette Assistentin hat auf den falschen Knopf gedrückt.

Das war's dann.

„Es hat nicht sollen sein", sagt Hannah.

Wir platzen vor Lachen nach diesem misslungenen Coup und nehmen Kurs auf unser Abendessen. Ich honoriere die Geduld des Rikshafahrers mit dem doppelten Fahrpreis, dann gehen wir in die Pizzeria und suchen uns einen Tisch. Und bestellen Pizza. Unter einer Auswahl ausgefallener Namen entscheide ich mich für eine „Sri Ramana". Alle Pizzas sind ohnehin

Mein Schnappschuss von Mooji

vegetarisch, was mir wichtig ist, also ist es egal, welche ich nehme.

Einige Minuten später, während wir auf das Essen warten, entsteht eine leichte Unruhe an der Tür. Wir schauen uns um. Mooji und eine Entourage von etwa zehn Leuten kommen in die Pizzeria und nehmen an einem langen Tisch neben dem unsrigen Platz. Ungewollt haben wir einen der besten Tische im gerade coolsten Lokal der Stadt gewählt.

Der Eigentümer und die Kellner kommen herbeigeeilt, um Moojis Füße zu berühren und ihn willkommen zu heißen. Ich schätze, er war früher schon mal hier. In diesem Moment kommt ein anderer Mann herein, der in Tiru Satsang gibt, und setzt sich an den Tisch zu unserer anderen Seite. Jetzt sitzen wir in der spirituellsten Pizzeria der Welt!

„Wie gut, dass wir bestellt haben, bevor sie alle auf-getaucht sind ", sage ich zu meinen Begleiterinnen. Die Pizza hat einen dünnen knusprigen Boden und ist sehr lecker. Nach dem Essen bleiben wir noch ein wenig, schlürfen Fresh-Lime-Sodas und genießen die Energie um uns herum.

Ich spüre eine angenehme Müdigkeit in mir auf-steigen. Heute bin ich zum zweiten Mal seit meiner An-kunft bis zu Ramanas Höhle auf den Berg gestiegen. Ich fühle mich fast ein wenig beseligt – ob es an Mooji liegt oder an meinen beiden netten Begleiterinnen, oder an all den unerwarteten Ereignissen oder an der Wirkung der Höhlen? Es ist schwer zu sagen.

Mooji macht sich gerade daran, seine Pizza zu essen, als ein ernster, blasser junger Mann an seinen Tisch kommt und ihn um spirituelle Führung bittet. Wenn das mir passierte, würde ich – nicht gerade mit bedingungs-losem Mitgefühl – sagen: „Hey Mann, lass mich in Ruhe meine Pizza essen!" Aber nein. Am Tisch wird Platz gemacht, der junge Mann setzt sich, hält Moojis aus-gestreckte Hand und bricht prompt in Tränen aus. Wir können nicht hören, was gesagt wird, aber schließlich bedankt sich der junge Mann bei Mooji und geht. Die Pizzeria wird immer voller, und viele sind nicht wegen des Essens hier. Als Moojis Gruppe aufsteht, um zu gehen, will Hannah, dass ich ihn frage, ob er das Foto mit uns neu aufnehmen würde, aber ich schüttle den Kopf.

„Wir lassen ihn lieber ihn Ruhe", sage ich.

So wie es aussieht, wird er länger brauchen, um das Restaurant zu verlassen, weil die Kellner noch einmal seine Füße berühren wollen und die Westler kommen, um „Hallo" zu sagen und Fotos zu machen.

Ich denke, berühmt zu sein hat seinen Preis.

4.

DAS
WARTESPIEL

In aller Unschuld scheine ich eine Bewegung aus-gelöst zu haben. Es war nicht mehr aufzuhalten. Dabei geschah es wirklich ganz unabsichtlich.

Ich hatte mich auf eine Steinstufe vor dem Bibliotheksgebäude in Ramanas Ashram gesetzt und fast sechzig Minuten wartend dort ausgeharrt, während mein armer, knochiger Hintern geduldig litt. Als mein körperliches Unbehagen unerträglich wurde, stand ich auf, um meine Glieder zu strecken.

Das war der Moment, in dem ein kollektives Missverständnis sich durch die wartende Menge hindurch fortpflanzte. Sie nahm es als Signal, dass die Türen vor uns im Begriff waren sich zu öffnen, und so standen alle auf und fingen an, nach vorne zu drängen und mir meinen Platz in der Reihe streitig zu machen. Ich schaute unbekümmert und lässig drein, musste aber breitbeinig stehen bleiben, damit niemand an mir vorbei konnte. Diese Situation legte eine kuriose Mischung menschlicher Eigenschaften bloß:

Einerseits waren wir bemüht, möglichst spirituell und meditativ zu erscheinen, andererseits lieferten wir uns einen Kampf um die besten Plätze.

Nochur, ein brillanter Brahmanengelehrter mit einem langen, unaussprechlichen Namen – von dem ich mir nur den ersten Teil merken konnte –, hielt eine Reihe von Morgenvorträgen auf Englisch. Er sah aus wie ein traditioneller Hindupriester, trug ein um den Körper gewickeltes Baumwollgewand, eine Schulter entblößt, die andere bedeckt, sein Kopf rasiert, mit drei oder vier breiten weißen Streifen quer über der Stirn.

Aber er war kein gewöhnlicher Priester. Er war lebhaft, spritzig, leidenschaftlich, witzig und extrem gebildet. Seine Vorträge gingen über Ramana Maharshi, die

Reden und das Leben des großen Mannes, doch Nochurs Gedanken flossen mühelos von Ramana zu den Upanishaden, den Veden, anderen Heiligen und Sehern.

Und nicht nur das, er brachte uns, seine Zuhörerschaft, immer wieder auf den wesentlichen Kern der Selbsterforschung zurück. Und er füllte den Raum mit einer unpersönlichen Präsenz, gleichzeitig leer und selig, als ob die Schwingung des heiligen Berges hinter ihm in unseren Raum eingeladen worden wäre und uns alle zur Meditation verführte.

Nochur beim Vortrag

Heute war Nochurs zweiter Vortrag. Es hatte sich herumgesprochen, dass er guten Stoff bot. Daher die Menschenmenge vor der Bibliothek. Ich war um acht Uhr gekommen, vermutlich als Zehnter in der Reihe, und eine Stunde später wartete hinter mir eine riesige Menschenansammlung.

Die Bibliothek ist nicht schwer zu finden. Wenn man durch das Tor des Ramana-Ashrams geht und die Schuhe in den Regalen lässt, geht man einfach geradeaus weiter, bis einem schließlich am Ende des Weges die runde, modern aussehende Form der Bibliothek begrüßt. Als ich so dastand und mich umblickte, sah ich immer mehr Menschen, die sich uns anschlossen. Wir waren eine bunte Mischung aus Indern und Ausländern, überwiegend älteren Datums, die alle begierig darauf waren, die Stühle zu erobern, die in einem Kreis um eine flache, offene Grube herum aufgestellt waren, wo die jüngeren und flexibleren Menschen auf Kissen sitzen konnten.

Nochur würde seinen Vortrag von seinem Sitzplatz auf der anderen Seite der Grube halten – dank Mikrofonen, die dort installiert waren, war er gut zu hören.

Ein Inder bahnte sich sanft einen Weg durch das wartende Gedränge. Ich fing an, mich dagegenzustemmen, aber dann murmelte der Westler neben mir: „Er hat den Türschlüssel." Also lockerte ich meine Abwehrhaltung, um ihn durchzulassen. Das war's. Die Tür wurde entriegelt und geöffnet.

In dem Bemühen, uns nicht wie hysterische Käufer beim Winterschlussverkauf zu verhalten, wenn die Ladentüren geöffnet werden, pressten wir uns durch den Eingang. Ältere Damen genossen keinen Vorrang. Jeder Meditierende war sich selbst der Nächste.

Schnell begab ich mich auf die linke Seite, wie mir Freunde geraten hatten, die schon einmal dagewesen waren.

Zu meiner Bestürzung hatten die paar Leute vor mir bereits Taschen und Schals über die benachbarten Stühle geworfen und sie für Freunde reserviert. In dem Bereich, in dem ich sitzen wollte, waren alle Plätze in der ersten Reihe bereits belegt. Ich musste rasch handeln. Hinter mir kamen immer mehr Leute rein, die auch Stühle in der zweiten Reihe beanspruchten. Instinktiv schnappte ich mir einen leeren Stuhl und zog ihn nach vorne in die erste Reihe, die ich dadurch um einen Sitzplatz verlängerte, und ließ mich sofort darauf nieder.

Ich hatte Proteste erwartet, da ich ganz klar die Idee von jemandem durchkreuzt hatte, wie das Auditorium am besten zu organisieren sei – aber niemanden schien es zu stören. Stattdessen machte es Schule, und immer mehr Leute brachten Stühle nach vorne, sodass es schließlich eine einzige, langgezogene erste Reihe gab, rund um den abgesenkten mittleren Bereich herum bis zum Eingang.

Diejenigen, die schamlos zwei oder drei Plätze in der ersten Reihe reserviert hatten, wurden mit finsteren Blicken und gemurmelten Flüchen bedacht, als die Nachrückenden die Situation erkannten und widerwillig die hinteren Reihen auffüllten. Als einzelner Meditierender, der für niemand anderen etwas belegt hatte, war ich natürlich frei von Tadel. Als alle drinnen waren, kam eine ältere, verzweifelt aussehende Dame zu ihrer Freundin, die neben mir saß, und rief, den Tränen nahe: „Ich schwöre, nie wieder werde ich für jemand anderen einen Platz freihalten! Das ist zu stressig!"

Was mich selbst anging, hatte ich das Gefühl, einen Platz in der ersten Reihe zu brauchen - nicht, weil ich mir vorstellte, dadurch in den Genuss zusätzlicher spiritueller Segnungen zu gelangen, sondern einfach, um Nochur deutlich sehen und das ganze Bild - den Mann, die Bibliothek und die Menge - in mich aufnehmen zu können. Ich wusste auch, dass es mir helfen würde, wach zu bleiben. Verborgen in der zweiten oder dritten Reihe wäre ich leichter versucht, einzunicken oder abzudriften.

Sobald mir mein Platz sicher war, ließ ich meine Tasche darauf liegen und schlenderte hinaus in die Morgensonne. Aus irgendeinem Grund, oder auch keinem, fühlte ich mich von einem angenehm leichten, glücklichen Gefühl durchdrungen.

Plötzlich, unerklärlicherweise und wahrscheinlich vorübergehend, gehörte ich hierher. Ich war zu Hause. Dieser Teil des Ashrams war wunderschön gelegen, weit weg vom Verkehrslärm der Straßen, von hinten dicht umschlossen von den Hängen des Arunachala. Das alles genoss ich sehr. Und zumindest für heute war der Stress des Wartespiels vorbei.

Morgen würde an einem anderen Ort das Gleiche passieren, denn die Nachricht hatte sich verbreitet, Mooji habe seine Meinung geändert und werde sechs Tage lang Satsang in Tiru abhalten, bevor er nach Rishikesh aufbrechen würde. Ich musste ihn einfach unter die Lupe nehmen.

Nun kamen also die großen Namen in die Stadt und eröffneten ihr Geschäft.

Normalerweise ziehen Satsang-Gebende in Tiru ein Publikum von fünf bis fünfzig Personen an. Nochur hatte diese Zahl auf 500 gesteigert. Mooji würde sie noch mehr in die Höhe treiben, und Amma, das erstaunliche Umarmungsphänomen, würde alle Rekorde sprengen.

Sie stehen alle auf meiner spirituellen Wunschliste, was aber nicht für mich heißt, dass mich irgendetwas davon erleuchteter machen könnte. Wahrscheinlich könnte ich beim Trinken einer Tasse Chai am Straßenrand genauso glückselig sein.

Und doch ... es ist etwas dran. Ich weiß nur nicht, wie ich es nennen soll. Nochur nennt es *Atman*, das Höchste Selbst. Deshalb zieht es uns – mit all unseren menschlichen Schwächen, inklusive dem Bedürfnis nach einem Platz in der ersten Reihe – an einen Ort wie diesen. Irgendwie können wir spüren, dass wir hier, in der Nähe von Ramanas Berg, diesem namenlosen Etwas ein bisschen näher sind.

Nachdem Nochurs Vortrag geendet hatte, ging mir eine Weile später auf, dass ich mich an nichts mehr erinnern konnte, was er gesagt hatte. Das galt sicher nicht für jeden seiner Zuhörer.

Atmanand zum Beispiel, ein bekannter niederländischer Gelehrter für Sanskrit und buddhistische Texte, der demnächst selbst Satsang halten wird, machte sich während des gesamten Vortrags von Nochur freudig Notizen. Man sah ihm an, dass er sich in solch akademischer Gesellschaft wie im Himmel fühlte.

Und ich? Ich hatte in der inneren Glückseligkeit gebadet, dem Energiepool, der sanft und still den Saal angefüllt hatte und sich über uns und in uns ausbreitete.

Es half mir zu verstehen, dass ich mich nicht mehr für spirituelle Konzepte und die Auslegung von Schriften interessiere. Das habe ich vor Jahren zur Genüge getan.

Nein, jetzt war ich nur noch hier, um die Schwingungen zu genießen, den Geschmack von Meditation, das Stillwerden meines Verstandes, während er Nochurs spirituellem Wiegenlied lauschte und dabei – zumindest für kurze Zeit – sich selbst vergaß.

5.

SATSANG
MIT
MOOJI

„Gehst du schon so früh zu Mooji?" Die das fragte, war meine Nachbarin. Wir unterhielten uns bei unserem Frühstücksbrei in einem kleinen Café in der Nähe unserer Unterkunft. Es war acht Uhr morgens. Der Banana Porridge war mir empfohlen worden und schmeckte auch lecker, aber schon allein wegen der Menge und schnellen Bedienung war der Banana Porridge in der *German Bakery* der eindeutige Gewinner des Tiru-Frühstücks-Preises.

„Nun, ich bin Frühaufsteher", antwortete ich. „Ich kann entweder in meinem Zimmer oder vor der Reismühle warten, also kann ich auch gleich hingehen."

Sie versprach, sich später zu mir zu gesellen. Ich beglich meine bescheidene Rechnung und lief dann etwa zwanzig Minuten zu Fuß zur *Vetri-Reismühle,* deren Name ihre landwirtschaftliche Vergangenheit verrät, die aber jetzt als Satsang-Schauplatz dient.

Natürlich war ich nicht der Erste. Etwa zwanzig Personen hatten sich bereits vor mir auf der Straße vor dem Grundstück in einer Reihe aufgestellt. Aber es war ein leichtes Warten, denn alle waren gut gelaunt und erwartungsvoll wegen Moojis Satsang.

Die junge Frau neben mir war Ungarin und sie war für nur zwei Wochen nach Indien gekommen.

„Das erste Mal bei Mooji?", erkundigte ich mich.

Sie nickte. „Und du?"

„Nun, ich habe ihn schon zufällig auf der Straße getroffen, aber das ist mein erster Satsang mit ihm", antwortete ich.

Der Morgen war sonnig und erfrischend kühl. Wir standen im Schatten der Mühlenwand, und auf der anderen Straßenseite bot sich ein großartiger Blick über offene Felder auf den Arunachala.

Die Menschen begannen, in Rikshas, auf Fahrrädern und zu Fuß herbeizuströmen. Die Reihe schlängelte sich immer weiter nach hinten, aber ich wusste inzwischen, dass die Reihenfolge bedeutungslos war, weil ich gewarnt worden war, dass drinnen ein Lottosystem auf uns wartete

Genug gesucht ...

Um neun Uhr gingen wir der Reihe nach hinein, gaben unsere Taschen und Schuhe ab und saßen dann hintereinander in etwa einem Dutzend Reihen vor der Satsanghalle. Ein paar Minuten später wurde die Person, die am Anfang jeder Reihe saß, aufgefordert, eine Nummer aus einem Hut zu ziehen. Wer die „1" zog, konnte seine Reihe als Erster in die Halle mitnehmen, und so weiter.

Der Erste meiner Reihe zog die „3", was ein Glücksfall war, und obwohl ich einen nahen Sitzplatz auf dem

Boden hätte genießen können, entschied ich mich klugerweise für einen schönen, bequemen Plastikstuhl etwa auf halber Höhe auf der rechten Seite des Saals. Meine alternden Knie flüsterten: „Danke, Subhuti."

Moojis Team hatte, wie man mir sagte, fabelhafte Arbeit geleistet, um die alte Mühle zu säubern, die seit einigen Jahren nicht mehr benutzt worden war. Die Wände sahen weiß und frisch gestrichen aus, der Fußboden war mit Schilfmatten ausgelegt, Fotos von verschiedenen Erleuchteten hingen von den Dachsparren oder waren an die Wände geheftet.

Ich erkannte Ramana Maharshi, natürlich, und bemerkte auch Anandamayi Ma, Ramakrishna, Nisargadatta Maharaj, Papaji … Sogar Jesus Christus und Satya Sai Baba waren vertreten.

Die Platzanweiser waren auf angenehme Weise effizient und irgendwie schafften sie es, mehr als 600 Personen in dem Raum unterzubringen. In einer Räucherschale trug jemand Weihrauch herum und bot es zum Einatmen an. Leise Musik wurde gespielt. Die Beleuchtung war angenehm.

Mooji kam gegen 10 Uhr 15 und nahm vorne im Saal in einem Korbstuhl auf einem Podest Platz. Nachdem man ihm ein Funkmikrofon angesteckt hatte, saß er mit uns ein paar Minuten schweigend da, bevor er die Sitzung für Fragen eröffnete.

Der ersten Frage habe ich nicht viel Aufmerksamkeit geschenkt. Soweit ich mich erinnere, sagte eine junge Französin, sie sei beunruhigt, dass sie nach dem tiefen Eintauchen in die Meditation nicht in der Lage sei, sich auf ihre täglichen Aufgaben zu konzentrieren. Statt Moojis Antwort zuzuhören, überließ ich mich dem zunehmenden Gefühl, in einen inneren Raum hineingezogen zu werden. Nachdem ich die Augen geschlossen hatte, versank ich in der Energie der Stille, Präsenz und Leere. Es war der gleiche Zustand, den ich schon bei dem gelehrten Brahmanen Nochur erlebt hatte, aber auch bei anderen Satsangs in Tiru und in Ramanas Höhlen auf dem Berg. Sobald die Umgebung ruhig und die eigene Aufmerksamkeit nach innen fokussiert war, wurde die Qualität von Meditation jedes Mal schnell spürbar.

Um ein Beispiel zu nennen:

Mein Lieblingssatsang fand jeden Morgen um zehn Uhr in einem bescheiden wirkenden Haus in der Shiva-Shakti-Road unweit vom Ramana-Ashram statt. Um 9 Uhr 30 waren wir alle schon versammelt und warteten. Dann kam eine kleine alte indische Dame, in einen rosa Sari und Schal gehüllt, die Außentreppe herunter, offensichtlich mit einigen körperlichen Schwierigkeiten, und ging langsam in den Raum.

Sie tauchte wie ein Ball aus Stille auf und erfüllte den Raum mit Energie. Sie sagte nichts, saß etwa zwei Minuten lang auf einem Stuhl. Dann stand sie auf und nahm sich, während sie sich langsam herumdrehte, die Zeit, mit halb geschlossenen Augen jeden Einzelnen von uns anzuschauen. Ihre Stille erfüllte den Raum mit Meditation. Danach ging sie langsam hinaus und stieg wieder mit Mühe langsam die Treppe hoch.

Ende des Satsangs.

Ich hörte Leute erzählen, dass diese Frau nur einmal im Jahr sprach, aber einige Leute aus dem Westen, die bei ihr gewesen waren, äußerten sich enttäuscht über ihre verbale Kommunikation.

Mooji war jedoch gerade dabei, sein Talent unter Beweis zu stellen, andere Menschen durch Worte zur gleichen Erfahrung zu führen. Eine Russin kam in Begleitung eines Übersetzers zum Mikrofon und fragte: „Ich will es jetzt wissen. Ich will nicht mehr warten."

Mooji stellte sich der Herausforderung. Er brachte sie mit seinen Worten dahin, sich dessen gewahr zu werden, was er ... nun ja ... was er „Das Selbst" nennt. Er nahm sich Zeit dafür und vergewisserte sich, dass sie alles verstand. Als Erstes forderte er sie auf, jede Beschäftigung mit der Vergangenheit fallen zu lassen. Dann, als sie bereit war, bat er sie, das Gleiche mit der Zukunft zu tun. Und dann, unerwarteterweise, ebenso mit der Gegenwart.

Die Gegenwart fallen lassen? Ja, in dem Sinne, dass sie jegliche Ablenkung, etwa durch andere Menschen und Dinge im Raum, zurückließ. Als Nächstes bat er sie, sämtliche Eindrücke ihres Körpers und ihres Verstandes beiseite zu tun.

So ging es immer weiter, bis schließlich nur noch eines zu erleben war: ein Zustand reiner Präsenz oder Bewusstheit ohne jeglichen Input, ohne Gedanken oder Gefühle. Dann lud er sie ein, dieses Bewusstsein als ihr wahres Selbst zu erkennen. So wie er das machte, konnten alle im Raum - zumindest die, die es wollten - mit ihm mitgehen, und jeder von uns gelangte zu seinem eigenen inneren Kern des Bewusstseins.

„Kommt mit uns mit, es ist eine Gratisfahrt", scherzte Mooji mit dem Publikum, während er die Russin mit Worten durch diese Erfahrung begleitete.

Vielleicht klingt das zu einfach, um wahr zu sein. Das liegt aber an der Begrenztheit meiner Sprache. Mooji hat einen guten Job gemacht. Ich habe nur ganz wenige Menschen getroffen, die anderen einen Vorgeschmack von Meditation geben können, indem sie es mit Worten vermitteln. Er zählt zu diesem erlesenen Kreis.

Vielleicht sollte ich aber ein Wort der Vorsicht hinzufügen: Meiner Ansicht nach gab er dieser Frau einen Vorgeschmack von etwas, das, wenn es ein dauerhafter Zustand werden soll, eine tiefer gehende Form der Selbsterforschung erfordert.

Dies war eine Einführung, aber keine direkte Fahrkarte zur Erleuchtung. Doch sie schien glücklich mit dem, was sie erlebt hatte, und bedankte sich bei Mooji, bevor sie wieder an ihren Platz ging.

Der Satsang dauerte zwei Stunden. Es gab einige Überraschungen.

Ein großer, weißbärtiger Westler, halb nackt und nur mit einem Lunghi bekleidet, kam zum Mikrofon und sang ein Lied der Dankbarkeit.

Ein junger Inder hüpfte vor Begeisterung quer durch den Raum, um ein Gedicht über Nondualität vorzutragen, in dem Gegensätze wie Licht und Dunkelheit, Leben und Tod aufgezählt wurden, und nach jedem Gegensatzpaar wiederholte er: „Es ist dasselbe."

Mooji hat das alles sehr herzlich aufgenommen. Dann war es Zeit zu gehen. Er wird noch fünf Tage lang Satsang geben. Ich weiß nicht, ob ich wieder hingehen werde, aber es war zweifellos ein Geschenk, diesmal dabei gewesen zu sein.

Übrigens, falls du dich das fragst: Ich bin nicht nach Tiru gekommen, um nach neuen spirituellen Führern zu suchen. Nein, ich bin eher daran interessiert, meine Perspektive zu erweitern; ein Verständnis, dass man – wie der Buddha einmal sagte – den Ozean überall schmecken kann, und er wird immer denselben salzigen Geschmack haben.

Hier in Tiruvannamalai scheint es jedenfalls einen reichlichen Vorrat an Salz zu geben.

6.

DIE SCHLAMMIGEN WEGE ZUR INNEREN STILLE

„Oh nein, es regnet!" Es war noch dunkel, als ich meinen Kopf aus dem Glasschiebefenster meines Hotelzimmers steckte und lauschte. Kein Zweifel, ich konnte das leise, beständige Geräusch der Regentropfen hören, die auf die Blätter der Bäume gegenüber von meinem Balkon tropften.

Bald darauf setzte die Dämmerung ein und ließ einen trüben, grauen, bewölkten Morgenhimmel erkennen. Nirgendwo war ein blauer Fleck zu sehen. Das waren schlechte Nachrichten. Ich war aus einem einzigen Grund von Tiru nach Auroville gekommen: Ich wollte die Atmosphäre im Inneren der goldenen Kugel des Matrimandir erleben.

Der Zutritt zu diesem unfassbaren, geschützten Ort ist nicht so einfach, denn wer als Neuling dorthin kommt, kann keine Tickets im Voraus buchen, sondern muss höchstpersönlich in das Besucherzentrum von Auroville kommen, wo er eine Eintrittskarte für einen Besuch in ein oder zwei Tagen erhalten kann.

Ich hatte Tiru am Mittwochmorgen in einem Bus um sieben Uhr früh verlassen, war an der großen Fernstraße abgesetzt worden und trampte von dort nach Auroville, zuerst im Auto und dann auf dem Rücksitz eines Motorrads.

In Auroville zu trampen ist einfach, selbst mit einem Rollkoffer, wie ich feststellen konnte. Die Leute sind freundlich, vor allem wenn sie dir helfen, irgendwohin zu kommen. Nach einem kurzen Umweg für einen Morgenkaffee ging ich zum Buchungsschalter und holte mir ein Ticket für den frühestmöglichen Termin: Samstagmorgen um 8 Uhr 45.

Doch da, auf dem leuchtend gelben Ticket, stand eine Warnung: „BEI REGEN oder wenn die Wege und

Gartenbereiche zu schlammig sind, ist der *Park of Unity* geschlossen und alle Buchungen für den Tag ungültig." Da die Eintrittskarten kostenlos sind, gibt es keine Einspruchsmöglichkeit und keine Diskussion.

Die Besichtigung des Matrimandir von außen war ohne Vorbuchung möglich, und so konnte ich dies am Donnerstagmorgen, der hell und klar war, erleben. Die goldene Kugel glitzerte im strahlenden Sonnenschein.

Auroville - die Goldene Kugel des Matrimandir glitzert im Sonnenschein.

Aber am Samstagmorgen war es nass und unglaublich schwül. Es fühlte sich an, als könnten wir jeden Augenblick von einem sintflutartigen Regenguss durchnässt werden.

Beim Verlassen meines Hotels traf ich auf der Straße ein französisches Paar, das ebenfalls zum Mandir wollte. Die Wolken schienen sich zwar zu lichten, aber es war immer noch sehr feucht und so war auch meine Kleidung. Wir wurden zum Besucherzentrum gefahren, wo wir zur vereinbarten Zeit blaue Pässe erhielten und zunächst ein Video über die konzeptionelle Vision von Auroville gezeigt bekamen. Meine Augen verfolgten zwar die Geschichte auf der Leinwand, aber mein Verstand dachte: „Wie schlammig werden die Wege zum Mandir sein?"

Wir gingen zu den Bussen. Die Erde war nass, aber nicht überflutet. Der Regen hatte nachgelassen, doch der Himmel sah immer noch bedrohlich aus. Wir wurden zu einem Haltebereich in Sichtweite der goldenen Kugel gefahren, die verlockend nahe in einem Meer von grünem Rasen schwebte.

So nah und doch so fern!

Man bat uns, im Sitzen zu warten, während ein netter älterer Herr uns erzählte, wie wir uns im Inneren der Kuppel zu verhalten hatten. Dann mussten wir noch ein wenig warten, weil wir offenbar zu früh dran waren.

Ich warf einen Blick auf die Wolken, die sich über uns zusammenbrauten. War das eben ein Tropfen auf meinem Kopf?

Endlich wurden wir von einem Führer abgeholt und eingeladen, zu Fuß den Weg zu unserem Ziel zurückzulegen. Aber dann, auf halbem Weg, machte unser Begleiter mit uns einen ausgedehnten Umweg durch die Gärten und um ein Amphitheater herum.

Schließlich kamen wir an, schlüpften aus unseren Schuhen und gingen schweigend einer nach dem anderen durch eines der zwölf Lotosblütenblätter, die die Kugel an ihrer Basis umgeben. Dann ging es hinein und nach unten und wir wurden aufgefordert, schweigend um einen kreisförmigen, weißen Marmorspringbrunnen mit einer Kristallkugel in seiner Mitte Platz zu nehmen. Es war wunderschön, aber immer noch waren wir unter freiem Himmel. Ganz sicher würde man uns jetzt im Falle eines Wolkenbruchs hineinlassen, oder?

Endlich war es so weit. Wir wurden schweigend über eine schmale Steintreppe nach oben geführt, in einen sanft beleuchteten, runden Vorraum, wo wir alle ein Paar saubere weiße Socken anzogen – zum Schutz des weißen Marmors gegen schwitzende, schmutzige Füße.

Wir gingen einzeln durch eine Tür und begannen einen langen, langsamen Aufstieg über eine kreisförmige weiße Rampe mit weißen Handläufen, die sich entlang der Innenwand der Kuppel nach oben wand.

Ich liebte diesen Teil der Reise. Es fühlte sich an wie bei *Star Trek* oder *Close Encounters* oder *Star Wars* – wir waren im Begriff, den Planeten Erde zu verlassen und ins Reich der Götter aufzusteigen.

Zum ersten Mal seit dem Aufwachen in meinem Hotelzimmer war ich völlig präsent und hörte auf, mir Sorgen zu machen. Wir waren in Sicherheit. Wir waren drinnen. Jetzt konnte es in Strömen regnen. Nichts konnte mehr dazwischenkommen.

Wir gingen unter einem gewaltigen Torbogen durch und stiegen weiter hinauf, bis wir schließlich im riesigen weißen, kreisförmigen Auditorium wieder auftauchten.

Es war von atemberaubender Schönheit.

Man konnte die Stille spüren.

Ganz langsam, leise und schweigend gingen wir zu

unseren Sitzen: kleine weiße, quadratische Kissen, die am Rand des Saals rundum platziert waren.

Ich setzte mich, in ehrfürchtigem Staunen über die Schönheit dessen, was mich umgab: Da waren zwölf Säulen, die den Raum trugen. Die Beleuchtung war stark gedimmt und schummrig, wie in einem antiken griechischen Tempel in der Morgendämmerung. Im Zentrum vor uns befand sich eine riesige Kristallkugel, die durch einen starken Lichtstrahl von der Kuppeldecke aus beleuchtet wurde.

Ich war beeindruckt.

Ich war auch beeindruckt wie still unsere Gruppe sein konnte. Fünfzig Menschen, die aus aller Welt kamen, einige von ihnen eher Neugierige als erfahrene Meditierer. Und doch saßen alle in tiefer Stille.

Oder vielleicht saß die Stille des Raumes in uns.

Ein oder zwei Personen husteten, aber überraschend wenige für eine so große Gruppe. Wenn jemand zu laut hustete, kam ein Ordner schweigend auf ihn zu und führte ihn hinaus. Wir, die wir blieben, öffneten unsere Herzen und Seelen, badeten in der Schönheit und in der Stille.

Um die Wahrheit zu sagen, war ich weder an Sri Aurobindo, dem Mystiker, auf dessen Inspiration Auroville zurückgeht, interessiert, noch an der „Mutter", seiner spirituellen Gefährtin, die ihre Vision des Matrimandir hier beigetragen hatte. Ich interessierte mich auch nicht für die Gemeinschaft, ihren Zweck und ihre Ideale. Aber ich war äußerst beeindruckt von dieser Stille.

Das war der Kern des Ganzen, so wie es der Kern jeder spirituellen Erfahrung ist. Das war die Quelle selbst, hervorgerufen durch diese fantastische Umgebung, die den stillen Tempel in uns allen wider-spiegelte. Eine Erinnerung - oder vielleicht eher eine Offenbarung -, dass wir, wenn wir einen guten Anlass finden, um dem Verstand nicht zu folgen, entdecken, dass wir Bewusstsein sind, das hinter unserem lärmenden Verstand immer da ist.

Wir saßen zwanzig Minuten lang, dann ertönte ein Gong und wir standen langsam auf und verließen einer nach dem anderen den Raum.

Bald saß ich in einem Taxi, ließ Auroville hinter mir und fuhr zurück nach Tiru.

Auf dem Rückweg gab es einen Wolkenbruch, und auf der ganzen Fahrt zurück regnete es heftig.

Es spielte keine Rolle.

AMMA
IN TIRUVANNAMALAI

✦ SATSANG ✦ BAJAN ✦
✦ MEDITATION ✦ DHARSHAN ✦

26.01.2020 - SUNDAY

Manjampoondi Arumugam Nagar
Opp. to Gandhinagar Matriculation Higher Secondary School
Tiruvannamalai - Chennai Highway, Kilnachipattu

Amma - der Satsang-Superstar

7.

DER
SUPERSTAR
DES
UMARMENS

„Der Bus wird von uns kostenlos bereitgestellt. Die Fahrt ist gratis." Der Eigentümer des örtlichen Reisebüros, direkt gegenüber vom Ramana-Ashram, ist stolz auf seine Großzügigkeit. Klar, denn er hofft, dass er mit uns auf andere Weise ins Geschäft kommt – mit Flug- und Zugtickets oder Geldwechseln –, aber diese Bustour zu Amma, der umarmenden Heiligen, ist für uns westliche Pilger gratis.

Wir steigen ein, schon bald geht es los und der Bus schlängelt sich durch die belebten Straßen von Tiru. Die Fahrt ist kurz, höchstens 12 Kilometer, aber für mich hält sie die Überraschung des Abends bereit.

„Subhuti?"

Ich drehe mich um und schaue in die Augen einer Deutschen, etwa in meinem Alter, eine Reihe hinter mir. Sie hat silbernes Haar, blaue Augen, ein ansprechendes Gesicht. In meinem Gedächtnis klickt gar nichts.

„Ich bin Darshan", sagt sie und lächelt.

Da erinnere ich mich: Wir waren einmal ein Liebespaar, vor langer, langer Zeit, 1974 in London. Ich war Meditationslehrer und traf sie noch einmal 1976, als sie in orangefarbenen Kleidern und mit einer Mala um den Hals aus Pune zurückgekehrt war. Na so was! Unglaublich! Dass wir uns so unerwartet hier wiedersehen!

Der Bus hält am Ziel und wir steigen aus. Sie muss auf eine Freundin warten, also verabreden wir uns für den nächsten Tag: 16 Uhr in der *German Bakery*. Dann verschwindet sie in der Menge. Und in was für eine Menge!

Es gibt einen großen Unterschied zwischen meiner Begegnung mit Amma im Vergleich zu meinen bisherigen Erfahrungen mit anderen spirituellen Lehrern, Gurus und Satsanggebern in Tiru: Amma ist eine

Massenattraktion. Sie zieht nicht nur Meditierer an. Sie ist nichts weniger als eine lebende Heilige. Tausende von Menschen aus allen Schichten der indischen Gesellschaft wollen durch ihre Umarmung gesegnet werden.

Ich hatte eine geschlossene Halle erwartet, aber es ist ein riesiger, offener Raum, größer als ein Fußballfeld, gefüllt mit unzähligen Reihen von Plastikstühlen, rundherum abgeschirmt von einer etwa drei Meter hohen Wand aus knallbuntem Baumwollstoff.

Ich folge der Menge und rücke so voran. Eine freundliche Ordnerin weist mir den Weg zu einem seitlichen Stand für ausländische Besucher. Nachdem ich meine Nationalität angegeben und erklärt habe, dass ich zum ersten Mal bei Amma bin – was sehr wichtig genommen wird –, werde ich in Richtung Bühne geleitet und erhalte einen Platz neben anderen Westlern, etwa in der zwanzigsten Reihen.

Ich weiß bereits, dass uns irgendwann während des Abends Wertmarken mit Buchstaben von ‚A' bis ‚Z' ausgehändigt werden, auf denen steht, wann wir an der Reihe sind, um uns in die Schlange für Ammas Umarmung einzureihen.

Die Sonne ist immer noch stark, geht aber schnell unter und versinkt bald hinter der Stoffwand. Kurze Zeit später taucht am Himmel ein winziges Scheibchen der Neumondsichel in der zunehmenden Dämmerung auf.

Amma erscheint gegen 18 Uhr 15 im Schatten eines violett-goldenen Schirms, und die Bühne ist mit Würdenträgern aus dem ganzen Bundesstaat Tamil Nadu gefüllt. Wie sich bald zeigt, erweist sich dies als ein anstrengender Verzögerungsfaktor. Wir müssen fast zwei Stunden an Reden absitzen, während jeder politische und spirituelle Leader im Staat Amma seine Ehre erweist.

Ich registriere, dass ich sie lieber in Deutschland oder irgendeinem anderen Land kennengelernt hätte. Aber ich werde jetzt nicht aufgeben.

Auf die Reden folgen Ammas lobenswerte Ansichten über die Notwendigkeit, Mutter Natur und den Planeten Erde vor dem destruktiven Verhalten des Menschen zu schützen. Ihre warnenden Worte werden von einem neben ihr sitzenden Mann laut vorgelesen, während ihre Botschaft durch Bilder von Walen und Honigbienen auf einem riesigen Videobildschirm im hinteren Teil der Plattform illustriert wird.

Es folgen Gebete, deren Wortlaut ebenfalls auf dem Bildschirm gezeigt wird, und wir werden vielleicht ein wenig zu oft an menschliche Schwächen erinnert, zum Beispiel das Streben nach äußerem Reichtum statt innerem Seelenfrieden.

Das Bhajan-Singen ist eine willkommene Erleichterung. Amma selbst führt den Gesang an, schlägt den Takt mit einem Stock oder schnippt leicht mit den Fingerzimbeln. Die Menge singt jetzt gemeinsam mit den Musikern auf der Bühne.

Es werden Marken verteilt. Natürlich hoffe ich auf ‚A1‘, erhalte aber leider ‚W5‘.

„Keine Sorge, das ist ein gutes Zeichen", versichert mir der junge Westler, der mir die Marke in die Hand gedrückt hat. Als er meine Enttäuschung sieht, fügt er hinzu: „Das wird nach Mitternacht sein, aber weil du neu hier bist, hast du Vorrang."

Während ich auf die Zeichenkombination in meiner Hand starre, denke ich mir, dass „Vorrang" in der Tat ein relativer Begriff ist. Nun gut.

Das Umarmen beginnt um Viertel nach neun Uhr und wir alle wissen, dass Amma nicht aufhören wird, bis die ganze Menge umarmt worden ist, jeder Einzelne von uns, einer nach dem anderen. In dieser Hinsicht ist sie wirklich ein beeindruckendes Phänomen. Manchmal sitzt sie zwölf oder vierzehn Stunden lang ohne Pause, bis alle umarmt wurden.

Jetzt, wo ich meine Nummer habe, kann ich frei herumlaufen, und schon bald mische ich mich unter Leute, die ich aus der Satsangszene in Tiru kenne.

Eine schwedische Freundin hatte Glück. Sie war kurz davor, aufzugeben und heimzugehen, als ein vorbeigehender Ordner ihr eine Nummer ‚G' gab. Als Mutter mit Kind genoss sie offenbar höhere Priorität als ein Neuankömmling wie ich.

Das Gerücht, Leute aus dem Ausland würden gegenüber Indern bevorzugt behandelt, erweist sich als unzutreffend. Als ich sehe, wie sich Einheimische in die Schlangen einreihen, die zu beiden Seiten des Podiums zu Amma führen, muss ich zugeben, dass es fair ist, wenn auch ein wenig ärgerlich.

Eine rotierende Tafel in der Mitte der Menge kündigt die Buchstaben an, die gerade aufgerufen sind, sich in die Schlange zu begeben. Ich freue mich, als ich feststelle, dass wir ziemlich schnell von ‚A1' zu ‚C5' gelangen, aber dann wird alles langsamer ... und langsamer ...

Gegen Mitternacht verspüre ich Hunger und schlüpfe durch den Wandvorhang, um mir etwas von dem Essen zu holen, das gratis als *Prasad* an einem großen Stand mit riesigen Kochtöpfen hinter der Theke angeboten wird. Hier stehen nicht viele in der Reihe, doch als ich näherkomme, rennen mehrere armselig aussehende einheimische Kinder an mir vorbei und kämpfen sich drängelnd nach vorne.

Ich bin berührt und etwas schockiert über den Mut der Verzweiflung, mit dem sie sich da hineinstürzen. Auch über ihre Geschicklichkeit und Professionalität. Das ist kein einmaliges Wettrennen um das Essen. Es ist ihre Lebensweise.

Da ich nicht so hungrig bin - und in meinem ganzen Leben noch nie so hungrig gewesen bin -, wende ich mich ab und stelle mich in der Nähe für einen Chai an.

Sogleich reicht mir der Mann hinter der Theke ein Tablett mit einem Dutzend Tassen, die alle mit Chai gefüllt sind, und so wie es aussieht, bin ich jetzt zum Kellner geworden, der anderen Chai anbietet, was unerwartet und ganz lustig ist. Trotzdem denke ich daran, eine Tasse für mich selbst zu behalten.

Eine Stunde später sehe ich nach den Essensschlangen, sie sind jetzt völlig leer. Ich spaziere hinüber, bekomme einen Pappteller mit einem heißen Klacks einer körnerähnlichen Masse und fange wie alle anderen an, mit den Fingern zu essen. Zu meiner Überraschung und Freude schmeckt es köstlich, und ich kann gar nicht genug davon bekommen.

„Wie nennt man das?", frage ich eine Gruppe von Männern und zeige auf meinen Teller.

„*Suji...subji...upma...kidgerie...*" Viele Namen werden angeboten, doch das Wort, an das ich mich aus früheren Jahren zu erinnern versuche, ist nicht dabei. Ich glaube ‚*upma'* kommt ihm am nächsten. Doch dann dämmert es mir plötzlich, und ich erkenne seinen wahren Namen. In der Tat, es ist *Prasad*, eine Liebesgabe. Auch nachher konnte ich nicht herausfinden, ob das Essen wirklich so gut schmeckte oder ob es an der

Präsenz von Amma oder meinem übernächtigten Bewusstseinszustand lag.

Jetzt kommen endlich die Buchstaben gegen Ende des Alphabets zum Zug! Wir sind bei ‚T' angekommen, aber nun entsteht das Problem, die Menschenmasse besser zu leiten. Der Zugang zur Schlange ist von einer größeren Gruppe lokaler Inderinnen besetzt, die alle ‚Z'-Nummern haben, aber als Erste drankommen wollen, sobald ihre Nummer an der Reihe ist.

Weil ich mein ‚W' nicht verpassen will, werfe ich mich ins Gewühl und beginne, mich durch Schieben und Drücken zum Anfang der Schlange vorzuarbeiten, wo mehrere genervte Offizielle versuchen, den Zutritt mithilfe der Absperrungen unter Kontrolle zu halten. Der Verantwortliche ist erbarmungslos und schiebt die Leute physisch zur Seite, er hat keine andere Wahl. Er muss es tun, wenn er irgendeine Art von Ordnung aufrechterhalten will. Dummerweise komme ich bei ihm an, als auf der zentralen Tafel noch das ‚U' angezeigt wird und werde dadurch zu einem Teil des Problems.

„Ich habe Angst, mein Flugzeug zu verpassen!", erkläre ich und biete ihm diese lahme Ausrede, um mein Verhalten zu rechtfertigen, doch er kauft es mir nicht ab.

„Warten Sie!", befiehlt er und stößt mich zurück.

Endlich erscheint der magische Buchstabe ‚W' auf der Tafel und ich werde hindurchgelotst. Was für eine Erleichterung, aus dem Gedränge raus zu sein! Es wundert mich, dass es keine wirklichen Kämpfe gab, aber den meisten ist es gelungen, bei guter Stimmung zu bleiben, auch im Stress. Schließlich ist ja die Heilige bereits in Sicht.

Ich gehe durch eine Taschenkontrolle, doch keiner

scheint interessiert, mir meinen kleinen Rucksack abzunehmen, und die Leute hinter mir in der Schlange drohen mich zu überholen. Kommt nicht infrage! Ich werfe meinen Rucksack über die Absperrung auf einen roten Plastikstuhl und hoffe, ihn bei meiner Rückkehr noch vorzufinden. Ich will jetzt nicht stehen bleiben, und außer einer ärmellosen Weste ist ohnehin nichts drin.

Die Reihe bewegt sich stetig weiter. Jetzt nähern wir uns der eigentlichen Bühne, die Lichter werden heller, die Musik wird lauter und die Aufregung steigt.

Ich gehe über eine schmale, ansteigende Rampe auf die Stelle zu, wo Amma sitzt.

Meine Nummer wurde ein halbes Dutzend Mal kontrolliert und nun werde ich von fröhlichen, lächelnden westlichen Helfern begrüßt, die mich auffordern, mir das Gesicht abzuwischen, um keinen Schweiß auf Amma zu übertragen, wenn sie mich umarmt.

„Keine Schuhe!", sagt einer und ich kicke sofort meine teuren Laufschuhe weg, die irgendwo unter der Bühne außer Sichtweite zu Boden gehen. Vielleicht verliere ich sie, aber das ist mir jetzt egal. Ich kann jetzt nicht stehen bleiben.

Die Bühne rund um Amma ist hell erleuchtet und voller Menschen, meist aus dem Westen, die bereits umarmt wurden und nun still dasitzen und zuschauen wollen. Alle scheinen Weiß zu tragen.

Amma ist jetzt ganz nah, nur ein paar Umarmungen entfernt. Es ist 2 Uhr 15 morgens, ich bin hellwach und fühle mich plötzlich euphorisch, emporgehoben durch das Glühen der guten Schwingungen, die Amma umgeben. Es ist noch eine Person vor mir.

Ich werde von zwei Helfern sanft gehalten. Der eine hält meinen Hinterkopf, der andere meinen linken Arm.

„Nationalität?", fragt einer von ihnen.

„Englisch", antworte ich.

Vor mir entsteht eine Öffnung, und da ist diese Frau direkt vor mir, mit gekreuzten Beinen mühelos auf ihrem kleinen Podest sitzend. Sie wirkt groß, weit und einladend.

Ich werde sanft zu Amma hingeschubst. „Englisch", verkündet eine Helferin.

Sie nimmt mich fest in ihre Arme, zieht meinen Kopf auf ihre rechte Schulter herab und drückt ihren eigenen Kopf gegen meinen. Meine Augen sind geschlossen. Alles ist dunkel und warm und weich. Sekunden erscheinen wie Stunden.

„Amore... amore... amore", murmelt Amma in mein Ohr, aber da ich kein Italiener bin, kann ich nicht mit Sicherheit sagen, ob sie das wirklich gesagt hat. So etwas in der Art jedenfalls.

Die Zeit ist um. Man zieht mich weg. Ich drehe Amma den Rücken zu und gehe eine steile Rampe hinunter in den Raum. Ich fühle mich leicht und fange an zu lachen. Mir ist nach Springen zumute, aber die Rampe ist zu steil. Besser nicht. Unter der Bühne finde ich meine Schuhe, dann hole ich meinen Rucksack.

Ich hätte auf der Bühne sitzen bleiben können, aber genug ist genug. Ich bin bereit zu gehen.

Auf dem Weg durch das Stadion, das inzwischen halb leer ist, treffe ich auf eine Gruppe junger Chinesinnen. Sie lächeln mich an.

„Seid ihr umarmt worden?", frage ich sie.

„Ja!", antworten sie, nicken fröhlich und wir brechen allesamt in Gelächter aus. Wir genießen diesen Moment der Verständigung. Worte sind dafür nicht nötig.

Es gibt keine Busse zurück nach Tiru, aber dafür jede Menge Rikshafahrer, die geduldig warten, in der Hoffnung, frühmorgens die große Kohle zu machen.

„Fünfhundert Rupien", sagt einer.

Ohne allzu große Mühe bringe ich ihn auf dreihundert runter. Dann finde ich eine junge Deutsche, die bei mir in der Nähe wohnt und bereit ist, die Kosten mit mir zu teilen. Das macht die Fahrt erschwinglich und recht akzeptabel für diese frühe Stunde. Wir steigen ein. Auf dem ganzen Weg nach Hause plaudern wir über Amma.

Ich nehme eine lange, heiße Dusche, und als ich das Licht ausmache, ist es schon halb vier Uhr morgens. Um halb zehn bin ich wach, setze mich im Bett auf und fange an zu schreiben.

Während ich diese kleine Geschichte zu Ende schreibe, stelle ich zu meinem Erstaunen fest, dass ich weine. Ich weiß nicht warum, aber mir laufen Tränen der Freude übers Gesicht. Ich fühle mich hilflos, hoffnungslos ... und gesegnet mit ... ich weiß nicht was. Sagen wir, mit göttlicher Gnade.

Ich stehe unter der Dusche, aber ich habe den Wasserhahn nicht aufgedreht, weil es sich anfühlt, als ob ich gerade in Licht bade. Ich spüre eine Spannung in meinen armen Schultern und sehe plötzlich, wie sie mein ganzes Leben lang auf ihre eigene unbewusste Weise versucht haben, mich zu diesem glückseligen Zustand zu erheben.

Wie unnötig, wo doch diese Gnade die ganze Zeit darauf gewartet hat, auf mich herabzuregnen.

Indien ist ein seltsamer und wunderbarer Ort.

Anmerkung des Autors:

Amma musste ab März 2020 eine Pause vom Umarmen einlegen, als ihr Ashram in Kerala wegen der Covid-19-Pandemie für Besucher geschlossen wurde.

Sie, die in der Vergangenheit Leprakranke und andere Kranke ohne Sorge um ihre persönliche Sicherheit umarmt hat, stimmte der Schließung nach Gesprächen mit dem Gesundheitsministerium von Kerala zu.

In einer Erklärung auf der Website von Amma hieß es: „Es tut uns leid, Ihnen mitteilen zu müssen, dass der Ashram aufgrund extrem verschärfter Einschränkungen durch das Gesundheitsministerium, einschließlich der obligatorischen Quarantäne und anderer Vorschriften, derzeit niemanden nach Amritapuri einreisen lassen kann."

Die Vorsichtsmaßnahmen wurde nach dem Vorfall in Südkorea getroffen, wo eine christliche Sekte eine Messe in einer geschlossenen Kirche abhielt und einen plötzlichen Anstieg der Infektionen im Land auslöste.

In einer Botschaft von Amma hieß es: „Amma hat vor nichts Angst - nicht einmal vor dem Tod. Jeder sollte jedoch den Ernst der Lage verstehen und kooperieren. Eine geringfügige Unachtsamkeit unsererseits könnte sich katastrophal auswirken."

8.

ES WAR
EINMAL
IN INDIEN

„Wie kommt es, dass du hier so viele Leute kennst?"
Der junge Kanadier, mit dem ich gerade Chai trank,
schien verwundert. Ich hatte ihm erzählt, ich sei zum
ersten Mal in Tiru und erst vor kurzem angekommen.
Aber hier war ich nun und begrüßte ein paar Leute,
erst im Ashram, dann im Chai-Laden, als wären wir alte
Freunde. So hatten mich zwei Frauen, beide in weißen
Saris, mit großer Überraschung und Begeisterung
begrüßt. Zwei Männer hatten auf ähnlich freundliche
Weise „Hallo" gesagt.

„Das ist eine lange Geschichte", antwortete ich dem
Kanadier. Er war etwa 25 Jahre alt, groß, athletisch
aussehend, mit einem dunkelbraunen Haarschopf. Wir
hatten uns ein paar Mal im Ashram gesehen und waren
ins Gespräch gekommen, als wir während des abendlichen vedischen Gesangs vor der Haupthalle des
Ashrams standen.

Er war, wie ich mich erinnere, frisch von der Uni gekommen – ich glaube, es war in Toronto – und befand
sich auf einer längeren Tour durch den Osten. Vor einigen Tagen war er aus Nepal nach Tiru gekommen.

„Ich hätte Zeit, sie mir anzuhören", antwortete er
mit einem Grinsen. Um seinen Worten Nachdruck zu
verleihen, zog er einen weiteren Stuhl heran, um seine
Füße darauf abzulegen, zog seinen Rucksack etwas
näher zu sich und schaute mich erwartungsvoll an. Er
würde mich nicht so leicht davonkommen lassen.

„Okay. Nun, eine dieser Frauen war in einem berüch-
tigten deutschen Film zu sehen, der ‚Ashram in Poona'
hieß, damals in den Siebzigern, in dem man Nackte sah,
die sich gegenseitig anbrüllten und prügelten. Das hat
ziemlichen Staub aufgewirbelt", erzählte ich ihm. Die
andere war eine „Chai-Mama" in einer großen Kom-

mune in Oregon in den Achtzigerjahren. Sie fuhr einen Pickup-Truck mit dem sie Tee und Snacks zu unseren Arbeitstrupps brachte", setzte ich fort. „Der eine von diesen Männern war auf der Ranch Polizist mit einer Waffe, der andere war Mechaniker und besonders gut darin, riesige Bulldozer zu reparieren."

„Interessant", kommentierte der Kanadier. „Aber wenn ihr euch schon so lange kennt, wieso seid ihr dann so überrascht, euch zu sehen?"

„Also, wie ich schon sagte, es ist eine längere Geschichte." Ich spendierte uns beiden noch einen Chai, lehnte mich in meinem Stuhl zurück, lächelte und fing an: „Es war einmal in Indien, vor langer Zeit …"

Ich erzählte ihm von einem charismatischen, erleuchteten Mystiker, der damals Bhagwan Shree Rajneesh hieß – heute bekannt als Osho – und 1974 einen Ashram in Pune (damals Poona) bei Mumbai (früher Bombay) gründete. Es war ein Ort mit hoher Energie, der Tausende von Menschen anzog, und zu Beginn der Achtziger Jahre war er so überfüllt, dass ein neuer, größerer Ashram dringend benötigt wurde.

„Damals brachen wir unsere Zelte in Pune ab und gingen nach Amerika", erklärte ich. „Und dann bauten wir eine Stadt für dreitausend Menschen auf einer verlassenen Rinderfarm in Oregon."

„Ja, davon hab ich gehört", kommentierte er. „Ich habe ein paar Teile dieser Netflix-Serie gesehen."

„Wild Wild Country", half ich ihm auf die Sprünge. „Prima, das erspart mir längere Erklärungen! Nachdem Osho 1985 aus Amerika rausgeworfen wurde, löste sich die Ranch auf", fuhr ich fort. „Osho flog um die ganze Welt und versuchte, eine neue Kommune zu gründen, aber er war nirgendwo erwünscht. Also kehrte er nach

Pune zurück, wo seine Gemeinschaft eine neue Blüte erlebte, und starb dort 1990."

Dann beschrieb ich, wie die Gemeinschaft der ‚Sannyasins', die mit Osho bis zuletzt in Pune gelebt hatten, sich in der alten Form aufzulösen begann.

„Einige dieser Leute wollten bei einem lebenden spirituellen Lehrer sein", erklärte ich. „Ziemlich viele von ihnen landeten in Lucknow bei einem Mann namens Poonja, oder Papaji, als der er bekannt wurde. Er war zu dieser Zeit etwa achtzig Jahre alt und war ein Schüler von Ramana Maharshi gewesen, also lehrte er Advaita und die Suche nach dem Selbst."

„Bist du auch dagewesen?", fragte mein kanadischer Gesprächspartner.

Ich lachte. „Nein! Ich war sauer, dass so viele zu Papaji abwanderten", erinnerte ich mich. „Ich war fest davon überzeugt, dass Osho mein einziger spiritueller Meister sein wird. Ich sagte dann immer zu den anderen: ‚Ich bin sexuell polygam, aber spirituell monogam.' Ich war also ziemlich voreingenommen."

Dann erläuterte ich weiter, dass Papaji nicht nur Osho-Schüler, sondern auch andere westliche Anhänger um sich scharte, weil ein französischer Mönch, Henri Le Saux, ihn erwähnt hatte, der mehrere Bücher über Advaita geschrieben hatte und selbst ein hinduistischer Sannyasin geworden war. Auf diese Weise zog Papaji Menschen nach Lucknow, die heute selbst bekannte spirituelle Lehrer sind, darunter Mooji, Gangaji, Andrew Cohen und andere.

„Was mich irritierte war, dass Papaji Dutzende seiner Anhänger ermächtigte, in die Welt hinauszugehen und Satsang zu geben, und einige von ihnen waren völlige Idioten, die an dem litten, was ich als PSE diagnostizierte." Als ich das so sagte, spürte ich immer noch die alte selbstgerechte Empörung darüber.

„PSE?"

Zwei charismatische Gurus: Osho und Poonjaji

Bei der Erinnerung daran musste ich lachen: „*Premature Spiritual Ejaculation,* (vorzeitige spirituelle Ejakulation)", erklärte ich. „Aber es war ein verwirrendes Paradoxon. Ich wollte Papaji als Schwindler abtun, aber ehrlich gesagt konnte ich es nicht. Freunde von mir haben mir ganz aufrichtig erzählt, dass sie erst dann tiefer in ihre Selbsterforschung und spirituelle Suche eintauchen konnten, nachdem sie ihn getroffen hatten."

„Jedenfalls starb Papaji 1997, und die Szene in Lucknow löste sich auf. Diejenigen, die Advaita weiter erforschen wollten, beschlossen, nach Tiru zu kommen, zur Quelle, hier in Ramanas Ashram."

Ich ergänzte, dass nicht alle von meinen alten Freunden über Papaji nach Tiru kamen. Es gab zum

Beispiel Leute, die bei Ramesh Balsekar in Mumbai gewesen waren, einem anderen Advaitalehrer.

„Und nun seid ihr alle hier", sinnierte der Kanadier. Er nahm noch einen Schluck von seinem Chai, sah mich an und fragte: „Bist du noch mit Osho?"

„Ja, aber ich bin nicht mehr so überheblich und ausgrenzend wie früher", gab ich zurück.

Seine nächste Frage brachte mich zum Lachen.

„Hast du je daran gedacht, selbst Satsang zu geben? Ich meine, du bist doch ziemlich erfahren."

„Ich könnte mir vorstellen, dass es Spaß macht, aber es würde mich wahrscheinlich von meinem eigenen Prozess ablenken. Und dann muss man sich all diese Fragen anhören und sich Ratschläge und Hinweise einfallen lassen."

„Was ist mit Mooji?"

„Was ist mit ihm?"

„Ist er echt, *the real thing*'?"

„Gute Frage. Das weiß ich nicht. Er hat ein paar wunderbare Eigenschaften. Er scheint sehr offen mit den Menschen zu sein, ist einladend, geht auf sie ein und gibt ihnen das Gefühl, gehört und verstanden zu werden. Ich denke, seine *Guidance* (spirituelle Unterstützung) hilft Menschen. Auf jeden Fall hat er ein großes Herz."

„Und?"

„Ich habe nicht den Eindruck, dass er im gleichen Sinn erwacht ist wie Ramana oder Osho. Aber letztlich werde ich es erst dann wissen, wenn ich selbst erwacht bin."

„Wann wird das sein, was meinst du?"

Da fiel mein Blick auf ein altes, an einem Geländer befestigtes Plakat für einen Mooji-Satsang, auf dem zu lesen war: „Genug gesucht ... finde es jetzt!"

„Jederzeit", antwortete ich.

9.

DIE SATSANG-SZENE

Sharada scheint eine ganz normale, sympathisch aussehende Inderin von etwa fünfzig Jahren zu sein. An ihr ist nichts Bemerkenswertes. Sie wohnt in einem schönen Haus auf der anderen Seite des Arunachala, etwa auf halbem Weg des *Girivalam*, des heiligen Weges, der die Pilger um den Berg herumführt.

Sharadas Satsangraum hat einen weißen Marmorboden, Wände und Decke sind weiß gestrichen. Die Plastikstühle sind weiß. Offensichtlich liebt sie Weiß, also passe ich mit meinem weißen Hemd gut dazu. Alles sieht sauber und neu aus, die Toiletten sind westlicher Standard – und weiß. Wenn man aus den raumhohen Fenstern nach draußen schaut, sieht man den hoch emporragenden Arunachala ganz nah. Es ist ein schöner Rahmen für einen morgendlichen Satsang, den eine Frau mittleren Alters im eleganten Sari anbietet, die offenbar ihre meiste Zeit in San Diego, Kalifornien, verbringt. Wenn sie Fragen beantwortet, sind Sharadas Antworten intelligent, aber nicht überraschend. Ihre Ansichten sind klassisches Advaita, fokussiert auf das eine wahre Selbst, das alles durchdringt, uns aber verborgen bleibt, weil wir mit dem Ego-Selbst identifiziert sind. Sobald wir das Ego-Selbst aufgeben, manifestiert sich unmittelbar das wahre Selbst.

So weit, so gut … und was noch? Jeder Advaita-Lehrer wüsste die gleiche spirituelle Geschichte zu erzählen. Erst als wir bei Sharadas Satsang in die Phase der Energieübertragung eintreten, nimmt das, was mir erst normal erschien, ganz bemerkenswerte Züge an. Mit geschlossenen Augen beginne ich mich in einer weichen, sinnlichen, heilenden Kraft oder Macht gebadet zu fühlen, als wäre ich in eine warme, spirituelle Badewanne eingetaucht.

Dieses liebliche, von weißem Licht durchdrungene Energiefeld hüllt mich ein und intensiviert sich allmählich, sodass mein Gefühl, ein physischer Körper zu sein, immer weniger spürbar ist. In dieser Energie fällt es dem Verstand ganz leicht, langsamer zu werden und aufzuhören Gedanken zu produzieren. Sie kommen zwar, aber nur noch hier und da.

Die Energie scheint nicht von Sharada selbst auszugehen. Es ist, als würde es einfach passieren – obwohl sie natürlich der Katalysator sein muss.

Diese wundervolle Erfahrung hält etwa eine Stunde an, dann holt sie uns zurück. Nach wenigen Minuten ist der Satsang vorüber und wir gehen hinaus in die Morgensonne und besorgen uns eine Riksha, die uns in die Stadt zurückbringt.

Ebenfalls hier draußen, auf derselben Seite des Berges, gibt Werner, der alte deutsche Hippie, zweimal wöchentlich Satsang. Sein Platz genießt den Vorteil einer wunderbaren ländlichen Lage, weit draußen zwischen den Feldern, weg vom lärmenden Verkehr. Sein Satsang findet oben auf seinem Haus statt, unter einem schattigen Strohdach aus Kokospalmenblättern, begleitet vom Gesang der Vögel und dem gelegentlichen traurigen Muhen einer heimischen Kuh.

Ich kann Werner nicht lange zuhören, ohne abzudriften. Vielleicht liegt es daran, dass er kein Mikrofon benutzt oder dass er beim Reden umherschweift, oder dass seine Antworten und Ratschläge meist vorhersehbar sind – einfach gesunder Menschenverstand. Es funkelt aber eine gewisse Freude in Werners Augen, und seine Antworten sind humorvoll, was ihn liebenswert und amüsant macht.

Mit ihm auf seinem Dach zu sitzen ist sehr entspannend, besonders wenn er Geschichten aus seiner Zeit mit Amma erzählt, in die er sich 1981 verliebte. Sie scheint ihm das Leben so schwer gemacht zu haben, dass er gar keine andere Wahl hatte, als zum Selbst zu erwachen.

Werner sitzt die ganze Zeit im Schneidersitz auf dem Boden und hat einen Hund neben sich, der friedlich an seiner Seite ruht. Satsang beginnt und endet bei ihm immer mit einer stillen Meditation.

Dagegen ist Swami Atmananda ein ganz anderes Kaliber. Ich lernte seine Treffen bereits in Rishikesh kennen, wo er normalerweise lebt. Er ist ein netter Kerl, ein holländischer Gelehrter, sehr aufrichtig in seiner Bemühung, die heiligen Schriften verschiedener Glaubensrichtungen zu erläutern.

Da sein Satsang hier in der Stadt auf dem Dach meines Nachbarhauses stattfindet, ist es leicht für mich, zu ihm hinüber zu schlendern und ihm zuzuhören.

Die Energie in seinem Satsang ist angenehm, aber eigentlich ist er nicht meine Kragenweite. Er ist mir zu intellektuell. Die Bedeutung der Schriften zu verstehen, wie er es tut, ist nicht dasselbe, wie die Erfahrung, von der darin die Rede ist, selbst zu machen.

Es ist klar, dass ich nicht lange bleibe. Das Schöne an den Satsangzirkeln hier in Tiru ist, dass man nicht bis zum Ende bleiben muss. Man kann jederzeit hinausschlüpfen, wenn man mag. Ein weiteres Plus ist, dass sie alle gratis sind. Intensiv-Retreats, die für gewöhnlich nach dem Ende der Tiru-Saison an anderen Orten stattfinden, kosten ziemlich viel Geld. Doch diese Satsangtreffen hier sind kostenlos.

Maharishikaa Preeti gibt Satsang in unmittelbarer Nachbarschaft von Ramanas Ashram. Sie scheint mir jünger zu sein als Sharada und lebt sonst in Mumbai. Sie antwortet drei Stunden lang auf Fragen, trinkt dabei jede Menge Tee und gibt ihren Vorstellungen von spiritueller Entwicklung sehr klar und deutlich Ausdruck.

Für mich ist das ein bisschen problematisch. Ich habe schon vor langer Zeit erkannt, dass Menschen, die verwirrt sind und Sicherheit suchen, leicht zu beeindrucken sind, wenn man sich klar und deutlich ausdrückt – was aber nicht unbedingt heißt, dass das, was vermittelt wird, auch tiefgründig und wahr ist.

Auf der positiven Seite muss ich aber sagen, dass Rishikaa gut mit Störungen umzugehen versteht.

Ein dunkelhäutiger Sadhu mit verfilztem Haar, nackt bis auf einen kurzen, um die Taille gebundenen Lunghi, stolziert in einen ihrer Vorträge und stellt sich direkt vor sie hin, wodurch er ihr die Sicht auf das Publikum versperrt.

Sie hält inne, und während er sie anstarrt, hebt sie eine Hand zur stillen Begrüßung. Der Sadhu schwingt seinen Stock in die Luft, blickt verächtlich in die Runde, als wären wir für ihn nur spirituelle Amateure, und stiefelt wieder hinaus. Und Rishikaa macht einfach dort weiter, wo sie aufgehört hat.

Ihre wichtigste Aussage ist, soweit ich das beurteilen kann, dass die Erleuchtung im Körper geschehen muss, nicht auf irgendeiner ätherischen Ebene, und dass sie in das Alltagsleben integriert werden muss. Nun, das ergibt durchaus Sinn. Doch abgesehen von ihren Unterweisungen erlebte ich ihr Energiefeld als relativ schwach im Vergleich zu anderen Satsanggebern.

Das Angebot ist riesig …

Ich schätze, das entlarvt mich eher als Energie-Junkie, und nicht als Sucher von tiefem spirituellem Wissen. Doch die Wirkung der Satsangenergie ist ein Gefühl innerer Ausdehnung; sie löst Grenzen auf und bringt das mentale Geschwätz zum Schweigen. Sie transportiert dich jenseits des kleinen „Ichs" und gibt dir einen Vorgeschmack auf das unendliche Selbst.

Nochur, der eloquente brahmanische Gelehrte, hat seine Serie von sechs Vorträgen in englischer Sprache abgeschlossen. Wie schade. Ich habe ihm sehr gerne zugehört. Er hat keine Jünger. Er ist ein Lehrer, verkörpert aber eindeutig das, was er predigt und ist überdies – ob willentlich oder unwillentlich – in der Lage, während seines Vortrags ein starkes Energiefeld zu erzeugen.

Mooji wird, nachdem er Amma seine Aufwartung gemacht hat, bald nach Rishikesh aufbrechen. Er hat sie während ihrer intensiven, auf eine Nacht beschränkten Satsangveranstaltung besucht. Offenbar war ihm sehr viel daran gelegen, sie zu sehen. Ich bin nicht sicher, ob sie sich umarmten oder nur Händchen hielten. Aber ich bin mir ziemlich sicher, dass er keine acht Stunden warten musste, wie ich, um sie von Angesicht zu Angesicht zu treffen.

Oh, habe ich eigentlich erwähnt, dass sich das lange Warten wirklich gelohnt hat? Ja, doch, das habe ich.

Über die kleine alte indische Lady namens Sivasakthi Ma habe ich schon gesprochen. Ihr 15-minütiger Satsang ist in seiner schlichten Einfachheit und Kraft kaum zu überbieten.

Zwei weitere Satsanggebende Frauen habe ich besucht, aber ich finde, es lohnt sich kaum, davon zu erzählen, obwohl ich es als angenehm empfand. Die eine sprach über Achtsamkeit, die andere über „*Peace of Mind*" (Frieden des Geistes, auf gut Deutsch: Seelenfrieden).

Friede des Geistes? Das hat mir ein Lächeln entlockt. Ich erinnerte mich an einen weisen spirituellen Lehrer, der sagte, man könne nur entweder Frieden oder Geist (den Verstand) haben, aber nicht beides zusammen!

Übrigens möchte ich – obwohl es natürlich ein völlig anderes Paar Schuhe ist – die Ayurveda-Massage zu den Satsang-Erfahrungen hinzufügen, zumindest in gewissem Sinne. Zum Beispiel empfahlen mir meine dänischen Freunde, ich sollte unbedingt eine Sitzung mit Rahul buchen (nicht sein richtiger Name, denn er hat meine Reklame nicht nötig).

Während er mich massierte, schien das, was er tat, nichts Besonderes zu sein. Rahul wusste zweifellos, was er machte, als er eine besondere Art rhythmischer Massagebewegungen anwandte, meinen Körper sanft schaukelte und gleichzeitig die Muskeln drückte und knetete.

Als ich anschließend aufstand, wäre ich beinahe umgekippt. „Vorsicht!", sagte er.

Ich zahlte und ging. Als ich die Straße entlang lief fühlte ich mich komplett anders. Meine Muskeln kamen mir alle irgendwie fremd vor. Für einen zufälligen Beobachter mag es wie ein natürlicher Gang in normalem Tempo ausgesehen haben, aber innerlich fühlte ich mich wie bei einem Moon Walk von Michael Jackson – als würde ich das ganze Muskel-Skelett-System in Aktion beobachten, wie es sich ganz von allein bewegt. Nachher habe ich mich gefragt: Wie Rahul das geschafft hatte, mit einer Massage, die so unspektakulär erschien?

Jeder dieser Satsanggeber, so scheint es mir, hat etwas zu geben, was vermutlich zum Teil daran liegt, dass es im Energiefeld des Arunachala stattfindet. Dieser Berg hat was. Schwer zu glauben, dass ein Felsbrocken ein Buddhafeld erzeugen kann, aber so wie ich es wahrnehme, ist genau das der Fall. Ramana selbst wurde bekanntlich davon angezogen und ist sein ganzes Leben lang hier geblieben.

Was diese heutigen Lehrer und ihre Lehren betrifft, so weisen sie alle etwa in die gleiche Richtung: Wende deine Aufmerksamkeit mehr von der äußeren Welt ab und richte deinen Fokus auf deine innere Realität.

Es gibt aber eine Haltung, die von vielen Advaita-Befürwortern geteilt wird, die behaupten, dass in der spirituellen Entwicklung keine Anstrengung notwendig sei, weil es nur darum gehe, das wahre Selbst, das schon da ist, zu erkennen. Sobald wir verstehen, dass alles eins ist, war's das!

Zu einfach, um wahr zu sein? Ich würde sagen, ja. Mir hat der Einwand gefallen, den Werner gegen diesen spirituellen „Abkürzungsweg" vorbrachte. In einer seiner Nachmittagssitzungen wies er darauf hin, dass wir alle unbewusst ungeheure Anstrengungen unternehmen, um im Ego-Selbst zu bleiben, meist aus Gewohnheit, weil wir eben nichts anderes kennen.

Eine intellektuelle Erkenntnis des wahren Selbst, gepaart mit einer kurzzeitigen Erfahrung eines still gewordenen Verstandes, bringt jedoch noch keinen dauerhaften Zustand des Erwachens. Alte Gewohnheiten sind schwer abzulegen und erfordern etwas mehr Aufwand, um sie zu knacken.

Gute Erkenntnis, Werner.

Interessant finde ich, dass mein eigener spiritueller Meister, Osho, zwar nicht zu dieser spirituellen Szene gehört und hier selten erwähnt wird, dass aber seine grundlegende – nun, ich denke, man könnte sagen, „Methode" der spirituellen Praxis – in dem, was hier gelehrt wird, häufig auftaucht.

Oshos Ansatz zur Meditation, ebenso wie jener von J. Krishnamurti und vielen anderen Mystikern – reicht bis Gautama Buddha selbst zurück – und besteht darin, die Menschen zu ermuntern, sich ihrer Gedanken und Gefühle bewusst zu werden und zu lernen, diese zu beobachten bzw. ein unbeteiligter „Zeuge" davon zu sein, ohne zu versuchen, sie zu unterdrücken oder sie als gut oder schlecht zu beurteilen.

Die eigenen Gedanken auf diese Weise zu beobachten, entzieht dem Verstand die Energie, schafft eine Distanz zum Denkprozess, und so lernt man langsam, sich in einen Seinszustand hinein zu entspannen, der immer tiefer, stiller und authentischer wird. Diese Vorgehensweise ist, wie ich finde, in Tiru weitgehend übernommen worden.

Demnach neigen jene Lehrer, die nicht die illusorische „Abkürzung" als unmittelbare Selbsterkenntnis propagieren, auf die eine oder andere Weise dazu, das Zeugesein als eine Möglichkeit anzubieten, sich allmählich aus dem Klammergriff des Denkens zu befreien. Nicht, dass damit deine spirituelle Erleuchtung garantiert wäre.

Wie ich aus zuverlässiger Quelle weiß, unterliegt die Erleuchtung nicht den gewöhnlichen kosmischen Gesetzen von Ursache und Wirkung, Anstrengung und Ergebnis. Du kannst sie nicht „machen". Du kannst höchstens den Boden für sie bereiten.

Und während die Temperatur in Tiruvannamalai zu steigen beginnt, nähert sich die Satsangsaison ihrem Ende und die Lehrer ebenso wie die Gurus begeben sich in Richtung Norden nach Rishikesh, oder sie reisen ins Ausland.

Was bleibt, ist natürlich Ramanas Ashram - und Arunachala, der Berg. Ein langjähriger Bewohner von Tiru fasste es so zusammen: „An Satsangs bin ich nicht interessiert. Der Berg ist alles, was ich brauche."

Das wird jedenfalls nie zu einem saisonabhängigen spirituellen Trip werden.

10.

DIE SPIRITUELLE REISE MEINER ÄRZTIN

Ich bin erkältet. Es hat mich erwischt, nachdem ich schwitzend im heißen Morgensatsang und danach halbnackt unter einem schnell laufenden Ventilator saß. Diese Kombination hat mein Immunsystem irgendwie durcheinander gebracht, und prompt war ich am nächsten Morgen krank.

Mein Schnupfen entwickelte sich zu einem Husten. Innerhalb kürzester Zeit war der Erreger, der meine Nase zum Laufen brachte, auch in meinen Brustkorb hinabgetaucht und bald hustete ich grünen Schleim.

Doch das Glück war mir hold: Jeden Morgen kam eine erfahrene, mitfühlende deutsche Ärztin mich in meiner Wohnung besuchen und pflegte mich wieder gesund – und das völlig kostenlos.

Das ist eine Ausnahme? Nicht einmal in Deutschland würde man einen solchen Hausbesuch mit individueller medizinischer Betreuung bekommen. Und keinesfalls würde man ihn gratis bekommen, wenn man wie ich unversichert ist.

Wie hab ich das geschafft? Nun, du erinnerst dich vielleicht: Ich saß in einem Bus auf dem Weg zu Amma, der umarmenden Heiligen, als hinter mir eine leise Frauenstimme fragte: „Subhuti?"

Das war meine alte Freundin Darshan, die ich schon seit Jahren nicht mehr gesehen hatte. Wir verabredeten uns zu einem Plausch, um uns über die letzten Jahre auszutauschen, und sie erzählte mit unter anderem, dass sie ihre Arztpraxis in Berlin verkauft hat, aber immer noch gerne als Ärztin praktiziert.

Es fügte sich, dass Darshan neuerdings regelmäßig an Atmanandas morgendlichen Satsangs teilnahm, die zufällig nur ein paar Häuser von meiner Unterkunft entfernt stattfanden.

So wurde es zur Routine: Darshan schaute jeden Morgen für ein paar Minuten bei mir rein, ehe sie sich in der Schlange anstellte, um sich zu Atmanandas Vorträgen auf das Dach zu setzen.

„Ich will deinen Schleim sehen", sagte sie. Eine ungewöhnliche, fast ein wenig kokett anmutende Aufforderung von einer weiblichen Freundin – aber ziemlich normal für einen Doktor.

Gehorsam hustete ich in ein Papiertaschentuch. Nachdem sie es genauer beäugt hatte, kommentierte sie: „Lass uns mit Antibiotika noch warten. Ich besorge dir erst mal ein schleimlösendes Hustenmittel, und inzwischen nimmst du weiter regelmäßig dein abschwellendes Nasenspray."

Sie hatte das Spray, das ich aus Dänemark mitgebracht hatte, schon inspiziert und nickend genehmigt.

„Wichtig ist, dass deine Nase frei atmen kann, damit sich deine Nebenhöhlen nicht infizieren", riet sie mir.

Ich wies darauf hin, dass ich das Spray schon für die empfohlene Dauer benutzt hatte und sie versicherte mir, es sei okay, damit weiterzumachen, ohne dass es meinen Nasenschleimhäuten schaden würde.

„Manche Leute werden süchtig nach diesen Sprays, darum gibt es diese Einschränkung!", sagte sie mit einem wissenden Lächeln. Hm! Interessant, was man von Ärzten alles erfahren kann! Ich wäre nie auf den Gedanken gekommen, dass der reinigende Sprühstoß eines Nasensprays zu einer süchtig machenden Erfahrung werden könnte.

Am letzten Morgen von Atmanandas Vortrags-Serie kam Darshan schon früher, und ich bat sie, sich ein wenig zu mir zu setzen: „Jetzt erzähl mir doch mal von deiner spirituellen Reise!"

Darshan fing damit an, dass sie kurz nachdem Osho 1990 gestorben war, mitbekam, dass viele ihrer Freunde nach Lucknow fuhren, zu Papaji.

„Es war nicht so, dass ich ihn unbedingt sehen wollte", sagt sie nachdenklich, „aber ich wollte mit meinen Freunden zusammen sein und war neugierig auf das, was sie vorhatten."

Einer dieser Freundschaften verdankte sie es, dass sie in Papajis Haus wohnen und seine Satsangs aus nächster Nähe miterleben durfte.

„Die Energie war sehr stark, und das war beeindruckend", erinnert sie sich. „Ich fühlte mich aber nicht von dem angezogen, was er lehrte. Nun, eigentlich hatte er zu diesem Zeitpunkt mehr oder weniger zu lehren aufgehört, und seine täglichen Satsangs gerieten mehr zu einer Art Zirkus."

„Es schien mir, dass die Leute um Papajis Aufmerksamkeit wetteiferten und zeigen wollten, wie spirituell fortgeschritten sie waren – oder wie spirituell verkorkst!", erinnert sie sich mit einem Schmunzeln.

Jeden Winter fuhr Darshan nun drei Jahre lang nach Lucknow, immer für drei Wochen, aber dann zog es sie mehr in die Satsangszene nach Mumbai. „Ich habe Ramesh Balsekar besucht", erinnert sie sich, „aber zu Ranjit Maharaj fühlte ich mich stärker hingezogen."

Das weckte mein Interesse, denn ich wusste, dass Ranjit Maharaj ein persönlicher Freund und Zeitgenosse von Nisargadatta Maharaj war, dem „Beedi-Baba", den alle so nannten, weil er einen kleinen Laden für Beedi-Zigaretten in Mumbai hatte, der seine einzige Einkommensquelle war.

Ich hatte Osho in seinen Reden liebevoll über diesen „Beedi-Baba" reden hören, und als er selbst Anfang der siebziger Jahre noch in Mumbai lebte, hat er offenbar einige seiner Sannyasins zu ihm geschickt.

Es gibt ein schönes Zitat von Nisargadatta, das, glaube ich, ziemlich bekannt ist. Er beschreibt darin die spirituelle Übertragung, die er von seinem Meister erhielt:

„Mein Guru sagte zu mir: Geh zurück in den Zustand des reinen Seins, wo das ‚Ich bin' in reinster Form existiert, noch nicht infiziert mit ‚Ich bin dies' und ‚Ich bin das'. Falsche Identifikationen sind das Hindernis – wirf diese ganze Last von dir."

Zu dem Zeitpunkt, als Darshan sich dafür zu interessieren begann, Gurus in Mumbai zu besuchen, war Nisargadatta längst nicht mehr da, nachdem er, wie man so schön sagt, 1981 seinen Körper verlassen hatte. Auch Ranjit Maharaj war schon ein alter Mann, als sie ihn kennenlernte.

„Ich mochte Ranjit wirklich sehr", erzählt sie mir. „Die Energie, die ihn umgab, war leicht und zart, und es war klar, dass er kein Interesse an irgendeinem Guru-Trip hatte.

Er war ein sehr liebenswürdiger Mann und hatte wohl das Gefühl, dass Schüler nur eine Last für ihn sein würden. Er wehrte jedes Lob ab und sagte, alles ginge auf die Linie seiner Lehrer zurück, einschließlich seines eigenen Meisters Siddharameshwar Maharaj."

Als Ranjit starb, verlor Darshan das Interesse an der indischen Satsangszene und konzentrierte sich auf ihre Arbeit in Deutschland, und genoss immer wieder die meditative Stille ihres entlegenen Urlaubsdomizils in Griechenland.

Nach und nach begann sie sich für einen Advaitalehrer in Berlin namens Karl Renz zu interessieren. Er war es, der sie ermutigte, Tiru zu besuchen, weil er selbst es liebte, jedes Jahr längere Zeit hier zu verbringen.

„Ist er noch da?", fragte ich Darshan.

Sie lachte. „Ich habe gestern noch Kaffee mit ihm im *Da Mantra* getrunken", sagte sie mir. „Er ist ein Bauernsohn, sehr rebellisch. Und er schockiert gern die Leute."

Bevor sie ging, lud mich Darshan zu einer Dinnerparty an ihrem Geburtstag am folgenden Montagabend ein.

Darshan und ich - zwei alte Hasen, die sich jung fühlen.

„Wie alt bist du?", wagte ich zu fragen.

Ich bin mir nie sicher, ob ich Frauen diese Frage stellen kann, aber ich vermutete, dass Darshan nichts dagegen haben würde.

Sie sah mich schelmisch an, zögerte und sagte dann: „Sagen wir's mal so: Bis Sonntag bin ich noch in meinen Sechzigern!"

Erstaunt sah ich sie an, unsere Augen trafen sich und wir lachten über die Absurdität dieser Tatsache.

„Du wirst also siebzig? Herrje, ich bin ja selbst vierundsiebzig!", rief ich aus. „Ich kann es kaum glauben! Wenn ich nach innen spüre, fühle ich mich immer noch wie siebzehn."

Im nächsten Moment fügte ich hinzu: „Solange ich nicht meinen Körper anschaue oder anfange, mich zu bewegen."

Wir lachten beide, in dem Bewusstsein, dass wir uns in diesem Moment fühlten wie zwei Teenager, die in einer Zeitschleife gefangen sind.

Was mich mit der Frage zurückließ: „Wer bin ich ohne meinen alternden Körper?"

11.

VOR DEN TOREN DES PARADIESES

Ich bin mir nicht sicher, ob wir hier sein sollten. Wir sind nicht eingeladen. Das Tor vor uns ist geschlossen. Die Leute drinnen kommen nicht heraus, um „Guten Morgen" zu sagen oder uns auch nur schweigend mit einem Namasté zu begrüßen.

Aber da sind wir. Etwa zwanzig von uns, die es sich so bequem wie möglich machen, während wir uns für eine Stunde in stiller Meditation niederlassen.

Ein Mann, ich glaube, er kommt aus Norwegen, sitzt so nahe wie möglich am Tor. Er kommt seit sieben Jahren hierher, nur um auf diese Weise zu meditieren, mit dem Paar da drinnen. Er wusste nichts vom Ramana-Ashram, bevor er nach Tiru kam.

Eine Frau, ich glaube, sie ist Französin, hat ein Zimmer in der Nähe. Doch tatsächlich, so sagt man mir, schläft sie jede Nacht auf dem Boden vor dem Eingang, um die Schwingungen in sich aufzunehmen.

Ich lasse mich auf einer einfachen Bank aus Beton nieder, ein paar Meter vom Eingang entfernt, und benutze ein handliches Schaumstoffkissen, um meinen Po zu polstern. Die Bank liegt im Schatten, und an diesem warmen, sonnigen Morgen ist sie ein angenehmer Ort zum Sitzen. Andere, mit beweglicheren Gliedern und guter Körperhaltung, sitzen mit gekreuzten Beinen auf dem Boden, entweder direkt vor dem Eingangstor oder gleich daneben, an die Wand gelehnt. Alle versuchen, so weit wie möglich im Schatten zu sitzen.

Zum Glück ist dies eine Sackgasse. Das Haus, vor dem wir sitzen, liegt am Ende einer kleinen, ruhigen Straße, etwa zehn Minuten zu Fuß vom Ramana-Ashram entfernt. Kein Verkehr, keine Hunde, keine Bettler, keine Kinder.

Bevor ich mich setze, gehe ich schweigend zu dem

Tor und schaue hinein. Da gibt es einen niedrigen Bungalow, ziemlich groß, eingebettet in einen üppigen Garten voller Bäume, Büsche und blühender Sträucher. Es sieht aus wie ein gut gepflegtes, wunderschönes Gartenparadies

Ein meditatives Energiefeld … vor einem geschlossenen Tor.

Nun ist es neun Uhr und Zeit zum Sitzen. Ich schließe die Augen, lehne mich an die Wand und entspanne mich. Fast sofort spüre ich die Präsenz des meditativen Energiefeldes, das mir inzwischen vertraut und an vielen Stellen in Tiru zugänglich ist.

Hier, in der Nähe dieses Hauses, scheint es besonders stark und einladend zu sein. Das Tor mag geschlossen sein, aber die Energie kümmert das nicht.

Wir alle sinken sanft in diesen stillen Raum, der sich mit der Zeit noch vertieft. Dafür sind wir gekommen, und das ist es, was man hier vorfinden kann.

In gewisser Weise spiegelt unsere Situation das seltsame Karma des 94-jährigen Mystikers, der in dem Bungalow wohnt, wider. Sein Leben lang hat er die Einsamkeit gesucht. Sein Leben lang war er auf die eine oder andere Weise damit konfrontiert, dass Menschen nach seiner Gegenwart verlangten.

Der Name des Mystikers ist Sri Lakshmana Swamy, und ich erfuhr von ihm durch ein Buch des Autors David Godman mit dem Titel *„No Mind, I Am the Self"* („Ohne Denken bin ich das Selbst"). Es beschreibt detailliert die Phasen von Swamys spiritueller Entwicklung und die damit verbundenen Herausforderungen.

Als publikumsscheuer Eremit, der in einer Hütte außerhalb seines Dorfes in Andhra Pradesh lebte, machte er zum Beispiel die Erfahrung, dass er, je mehr er den Menschen aus dem Weg zu gehen versuchte, zunehmend den Ruf eines großen Yogi erlangte. Gerade sein Wunsch, kein Guru zu sein und nicht Ziel von Verehrung und Hingabe anderer Menschen zu sein, wurde als Beweis für seine hohe spirituelle Verwirklichung angesehen.

Das öffentliche Interesse wurde so stark, dass einmal fünfzig Frauen seine kleine Hütte umringten und gemeinsam versuchten, das Dach abzuheben, um ihn zu sehen. Als er die Tür öffnete, um sie daran zu hindern, stürmten alle hinein und zerquetschten ihn fast in einer Ecke.

Er war eine Weile gefangen und ohnmächtig, sich dessen zu erwehren. Aber schließlich erkannten die Frauen das Problem, stellten sich in einer Reihe auf und traten vor, um sich vor ihm zu verbeugen, seine Füße zu berühren, seinen Segen zu erhalten und dann zu gehen.

Später gab es jedoch noch andere Probleme. Als sein Arzt ihm riet, seinen Körper mehr zu bewegen, begann er, täglich mit seinem Hund im Wald spazieren zu gehen. Das fanden die Leute eine viel zu profane Tätigkeit für einen Mystiker.

Mit einem Hund spazieren gehen? Das kann doch jeder! Die Einheimischen wurden so feindselig und wütend auf ihn, dass sie Ziegen- und Schafherden auf den Pfad trieben, um ihm den Weg zu versperren, sodass er gezwungen war, diese körperliche Betätigung aufzugeben.

Die größte Kontroverse in seinem Leben fing damit an, dass er im Alter von fünfzig Jahren ein sechzehnjähriges Mädchen namens Sarada einlud, mit ihm in seinem Haus zu leben. Das erzürnte seine Mutter, die sich bis zu diesem Zeitpunkt um ihn gekümmert hatte und außerdem alle Darshans und persönlichen Treffen organisierte, die Swamy von Zeit zu Zeit zuließ.

Die Mutter wurde so eifersüchtig, dass sie sich schließlich gegen ihren eigenen Sohn wandte und allen beiden, Swamy und Sarada, durch hässliche Gerüchte und viele Probleme das Leben erschwerte. Aus der Sicht eines gewöhnlichen Lebens war das die klassische Schwiegermuttersituation!

Beim Lesen seiner Lebensgeschichte drängte sich mir der Gedanke auf, dass Swamy einen guten PR-Manager gebraucht hätte. Das hätte viele seiner Probleme gelöst. Was seine Nähe zu Sarada anging, stelle man sich nur vor, welch ein Aufschrei dies heutzutage in den USA auslösen würde, wo sich gerade viel öffentliche Aufmerksamkeit auf die Ausbeutung junger Frauen durch mächtige (mittelalte) Männer richtet. Aber trotz dieser Konfrontation bestand Swamy darauf, zu betonen, dass Sarada eine reife spirituelle Seele sei und er sie deshalb in seiner Nähe haben wollte. Im Jahr 1978, als sie neunzehn Jahre alt war, erkannte Swamy, dass Sarada einen dauerhaften Zustand der Gedankenfreiheit erlangt hatte und im Höchsten Selbst angekommen war. Er erklärte sie für erleuchtet.

Die beiden sind nun seit mehr als vierzig Jahren zusammen. Wie schon erwähnt, ist er jetzt 94, während Sarada 61 Jahre alt ist. Das Buch, das ich über sie las, endete mit seiner Geschichte im Jahr 1985, also kann ich nur Vermutungen anstellen, was seither geschehen ist. Zweifellos ist irgendwann seine problematische Mutter gestorben. Zu einem anderen Zeitpunkt müssen sie ihren kleinen Ashram in Andhra Pradesh aufgegeben und dauerhaft nach Tiru gezogen sein.

Vielleicht hätte ich schon früher erwähnen sollen, dass Swamy mehrere Jahre lang Ramana Maharshi besuchte und sich bei ihm oder in der Nähe des Ashrams aufhielt, um seine Weisheit aufzunehmen. Es ist also naheliegend, dass sie sich in Tiru zur Ruhe setzten.

Allerdings sind sie, dem spirituellen Stil des Swamys getreu, nicht sehr öffentlich. Seit vielen Jahren haben beide Mystiker deutlich gemacht, dass sie an Treffen oder Gesprächen mit neugierigen Besuchern, Touristen oder selbst Menschen, die sich als Meditierer betrachten, nicht interessiert sind.

„Es gibt nur sehr wenige Menschen, die spirituell reif genug sind, um von der Art von Lehre, die ich anbiete, zu profitieren", sagte Swamy zu seinem Biographen David Godman.

So wie ich es verstehe, besteht diese Lehre aus einem mächtigen Band des Vertrauens, sodass der Schüler dem Guru, entweder Swamy oder Sarada, erlauben kann, das Ego-Selbst aus seinem Körper-Geist-System zu vertreiben und das wahre Selbst als einzig verbleibenden Bewohner zu enthüllen.

Wie Sarada es ausdrückte: „Wenn du dich auf Gott in der Form des Gurus konzentrierst, zieht er dich in sich hinein und wird dich schließlich so vollständig eliminieren, dass nichts mehr übrig bleibt als Gott allein."

In den letzten Jahren wurden Suchende, die sich für reif genug hielten, auf einer einfachen Webseite eingeladen, sich für ein Treffen mit Swamy oder Sarada zu bewerben. Wie ich hörte, wurde nur sehr wenigen der Zugang gewährt. Was ich zuletzt hörte, ist, dass auch dieses Angebot zurückgenommen wurde.

Der großgewachsene Norweger sagte mir, dass Sarada vor zwei Jahren noch aus dem Bungalow herauskam und die Menschen auf der anderen Seite des Tores schweigend begrüßt hat. Aber das ist schon eine ganze Weile nicht mehr passiert.

Was kann man machen? Nun, dieses Grüppchen von Meditierern wird es nicht wie jene Frauen machen, die versuchten, das Dach von Swamys Hütte abzuheben; sie werden nicht hineinströmen und den Bungalow stürmen. Dafür sind wir alle viel zu höflich, und außerdem würde es wirklich an der Sache vorbeigehen. Es geht natürlich darum, sich auf die eigene Meditation und die innere Stille zu konzentrieren. Ob innerhalb oder außerhalb des Tores: Was zählt, ist immer die innere Realität.

Während unserer einstündigen Sitzung finden dennoch einige Aktivitäten statt. Eine etwa sechzigjährige

Europäerin bringt Müll zur Wiederverwertung heraus, darunter ein großer, leerer Karton mit der seitlichen Aufschrift „amazon.in", und einem ganzen Haufen leerer Plastikflaschen – Trinkwasser der Marke Bisleri.

Ein paar Minuten später kommt auf einem elektrisch betriebenen, dreirädrigen Recycling-LKW eine indische Fahrerin vorbei und holt alles ab.

Ein europäischer Mann, vielleicht an die Siebzig, gießt im Garten die Pflanzen. Als seine Aufgabe für den Tag erledigt ist, verschwindet er leise durch ein Seitentor. Wenn das der Gärtner ist, dann macht er einen guten Job.

Von verschiedenen Stellen im Garten rufen sich die Pfauen gegenseitig zu. Ihre schrillen Schreie bilden den Ausgleich zur Stille unserer Meditation.

Ein Hausierer auf dem Fahrrad, der irgendetwas verkauft, ruft vom anderen Ende der Straße, kommt aber glücklicherweise nicht näher. Unter den Meditierern klingelt ein Handy und wird nach verzweifeltem Herumkramen in einer Tasche endlich gefunden und ausgeschaltet.

Nun, so etwas musste natürlich passieren.

Nach der Hälfte der Stunde erhebe ich mich leise von meinem Sitz und mache ein paar Fotos. Ich frage mich, ob jemand versuchen wird, mich daran zu hindern, doch keiner scheint es überhaupt zu bemerken.

Es gibt keine Glocke, die das Ende unserer Sitzung ankündigt. Es bleibt völlig uns überlassen, wann wir sie beenden wollen. Einige Leute bleiben noch, aber die meisten von uns packen ihre Sachen und gehen schweigend die Straße runter.

Die Meditation ist beendet.

12.

ALS UNGEBETENER GAST IM SATSANG

Heute ist meine holländische Freundin Gayatri mir Augen und Ohren. Frühmorgens nahm sie mich zur stillen Meditation vor dem Haus von Swamy und Sarada mit. Jetzt ruft sie mich an, um mir die letzten Neuigkeiten mitzuteilen.

„Es ist, wie ich dachte", sagt sie mir, „Atmananda sitzt mit Devaki zusammen und sie reden zu einer großen Gruppe von Leuten."

„Ich komme!", rufe ich in mein Handy und gehe dann schnellen Schrittes barfuß aus dem Ramana-Ashram, schnappe mir aber vor dem Verlassen noch schnell meine Schuhe. Keine Zeit, sie anzuziehen.

Ich springe in eine Riksha und sage: „Ramsuratkumar Ashram!" Endlich habe ich diesen für mich komplizierten Namen aussprechen gelernt, damit die Rikshafahrer verstehen, was ich meine. Wir sausen davon, reihen uns auf der verkehrsreichen Hauptstraße flott ein und biegen nach links ab, in die unglaublich staubige Post Office Road, dann eine scharfe Wendung nach rechts, dann links, und landen innerhalb weniger Minuten vor den Toren des Ashrams.

Ich weiß bereits, wie es hier läuft. Ich parke meine Schuhe in der kleinen Bude innerhalb des Tores und gehe so schnell wie möglich am Hauptgebäude des Ashrams vorbei, das absolut riesig ist.

Es wurde im Andenken an Yogi Ramsuratkumar errichtet, der ein bunter Vogel war, eine Art spiritueller Hippie, der auf der Suche nach der Wahrheit ganz Indien durchwanderte und den tausende Menschen aufsuchten, um ihm zu huldigen und als erleuchteten Meister zu verehren.

Er war bei Sri Aurobindo und Ramana Maharshi gewesen, lebte aber länger als die beiden großen

Mystiker, bis er schließlich 2001 seine sterbliche Hülle ablegte. Seine wichtigste spirituelle Übung war das Singen von Mantras, insbesondere Mantras zu Ehren von Rama.

Heute ist offenbar Ma Devaki, eine Nachfolgerin von ihm, die Hauptattraktion, besonders für die Leute aus dem Westen. Devaki begegnete 1986 dem „Göttlichen Bettler", wie Yogi Ram manchmal genannt wurde, während einer Pilgerreise nach Tiruvannamalai, als sie vierunddreißig Jahre alt war.

Devaki, die heute Ende sechzig ist, gibt jeden Abend gegen 19.15 Uhr Satsang im Ashram, im Anschluss an das rituelle Singen. Ich habe schon zweimal versucht, sie zu sehen, aber leider teilte Devaki in beiden Fällen mit, dass sie andere Dinge zu erledigen habe, und verließ den Ashram, sobald das Singen beendet war.

Wie es nun aussieht, könnte ich diesmal Glück haben. Tatsächlich, am Ende des Weges sitzen gemeinsam unter einem großen weißen Stoffbaldachin Atmananda, der spirituelle Gelehrte aus Holland, und Ma Devaki, die Anhängerin des verstorbenen Gurus Yogi Ram.

Devaki spricht zu einem Publikum, das - wie ich erst später herausfinde - ausschließlich aus Atmanandas engsten Anhängern besteht. Aber zum Glück bekomme ich das nicht mit. Ich denke, es sei eine öffentliche Veranstaltung, an der jeder teilnehmen kann. Gut, dass ich mein weißes Hemd trage, denn alle Anhänger Atmanandas sind weiß gekleidet.

Devaki spricht ziemlich leise, und ich finde es schwierig, sie von hier hinten zu verstehen, zumal aus dem Hauptgebäude des Ashrams Glocken und Gesänge schallen. Als ein Mann in der ersten Reihe aufsteht und weggeht, nehme ich an, dass es in Ordnung ist, wenn ich an der Seite nach vorne gehe und mich auf seinen leer gewordenen Platz gleiten lasse. Niemand hindert mich daran.

Wie ich sehe, sitzt Gayatri ganz entspannt und unauffällig etwa vier Reihen weiter hinten, auf der gegenüber liegenden Seite des Publikums. Im Gegensatz zu mir hat sie vermutlich geahnt, dass es sich um eine private Veranstaltung handelt

Atmananda und Devaki

Zufällig überschaut sie vom Dach ihrer winzigen Wohnung diesen Ashram, und als sie am frühen Nachmittag eine Gruppe von Atmanandas Schülern diesen zeltähnlichen Bereich aufbauen sah, hat sie zwei und zwei zusammengezählt - und das ergab korrekterweise fünf. Kurz danach ging Gayatri durch das Ashramtor, um sich genauer umzusehen und sah, dass Atmananda und Devaki bereits zu reden angefangen hatten. Da rief sie mich sofort an.

Soeben sagt Devaki etwas Interessantes.

„Man sollte vor seinem Guru nicht Advaita praktizieren", sagt sie zu den Anwesenden.

Da sowohl sie als auch Atmananda zum Stellen von Fragen eingeladen haben, hebe ich die Hand, immer noch nicht ahnend, dass ich gar nicht hier sein sollte.

„Wie ist das zu verstehen?", frage ich. Ich bin echt verwundert, aber auch besorgt, dass sie genau diesen Punkt vielleicht schon erklärt hat, kurz bevor ich hier ankam - und dann würde ich natürlich dumm dastehen.

Ich will es aber wirklich wissen, denn ich dachte, hier in Tiruvannamalai sei Advaita das A und O der Spiritualität. Wie kann jemand in der Advaita-Hauptstadt der Welt sein und kein Advaita praktizieren?

„Wenn man im Advaita seine Energie fokussiert, kann es sein, dass man anfängt, zu der Erkenntnis zu gelangen: Ich bin das Selbst!", erklärt Devaki und sieht mich dabei an.

Während ich ihr zuhöre, wird mir plötzlich bewusst, dass ich Bluejeans trage, während alle anderen in der ersten Reihe weiße Beinkleider anhaben. Oh-oh!

Devaki scheint das aber nicht zu stören.

„Dies kann eine gewisse Haltung hervorrufen, dass man, weil man das Selbst kennt, nun glauben könnte, dass man seinen Guru nicht mehr braucht", fährt Devaki fort.

„Das ist aber eine egoistische Einstellung", fügt sie hinzu. „In Gegenwart eures Gurus solltet ihr immer gewahr sein, dass sich das Selbst durch ihn ausdrückt und dank seiner Gnade zu euch fließt."

Nun verstehe ich, was sie meint, und bedanke mich bei ihr. Sie scheint sehr in sich selbst zu ruhen und beantwortet Fragen mit einer angenehmen Leichtigkeit. Ihre dunklen Augen strahlen im Licht der Gewissheit, ihre Hände bewegen sich ausdrucksvoll, um jeden Punkt zu unterstreichen. Sie trägt einen schlichten Sari, ihr Haar ist zu einem Knoten zurückgebunden.

Jemand anderes stellt eine Frage. Währenddessen übersetzt eine junge Europäerin zu meiner Linken simultan ins Französische und spricht schnell und leise in ein Mikrofon. Wird das jetzt aufgezeichnet, oder hört Paris live zu? Jedenfalls sieht es nach harter Arbeit aus.

Die Sonne beginnt unterzugehen, und eine Mücke sticht mich in den rechten Fuß. Ich nehme eine große Tube Odomos aus meiner Tasche und creme mir die Füße ein. Ich bemerke, dass auch Atmananda gestochen wird und sich die Füße reibt – natürlich so meditativ wie möglich.

Ich versuche, ihm das Odomos anzubieten, aber er achtet nicht darauf. Stattdessen steckt er einen Fuß in sein orangefarbenes Gewand und überlässt den Mücken den zweiten zum Dessert.

Devaki ist geradeheraus und traditionell. Ihre grundlegende Botschaft ist das Bhakti-Manifest: Gib dich zu Füßen deines Gurus hin. So hat sie selbst es bei Yogi Ramsuratkumar gemacht, und dieser wiederum schrieb alles, was er lehrte, dem „Vater" zu, wie er Gott oder das Selbst nannte.

Da Devaki das ganze Reden übernimmt, beginne ich langsam die Situation zu verstehen. Atmananda möchte seinen Anhängern ein möglichst breites Spektrum spiritueller Ansichten nahebringen. Er ist nicht zum Reden hier.

Er ist hier, um Devaki zu unterstützen, während sie ihre Vision mit uns teilt. Ähnlich verhielt er sich bei Nochur, dem Brahmanen-Gelehrten, bei dessen morgendlichen Vorträgen über Ramana Maharshi er sich eifrig Notizen machte, um die spirituellen Perlen an seine Anhänger weitergeben zu können.

Ich beginne mich für Atmananda zu erwärmen. Er mag ein Gelehrter sein, ein Intellektueller, der es liebt, mit spirituellen Konzepten zu jonglieren, wie andere Leute Instagram-Fotos austauschen, aber er ist aufrichtig, bescheiden und bereit, von jedem zu lernen.

Er ist auch ruhig und entschlossen. Vor zwei Tagen hielt er Satsang auf einer Dachterrasse ab, während unten eine örtliche Totenfeier stattfand, begleitet vom lautesten Trommeln, das ich je in meinem Leben gehört habe, sowie dem ständigen Krachen von Feuerwerkskörpern. Der Lärm war ohrenbetäubend, doch Atmananda bat nur seinen Tontechniker, die Lautstärke des Mikrofons hochzudrehen und machte weiter. Allerdings hielt er während der ohrenzerreißenden Kracher kurz inne.

Gerüchten zufolge hat Atmananda irgendwo im tiefen Himalaja einen Guru, der einen superstrengen Ashram betreibt, in dem Touristen unerwünscht sind. Um dort hineinzukommen, muss man sich verpflichten, täglich vier Stunden still zu meditieren und beim Geschirrspülen mitzuhelfen. Zum Glück ist mir die Adresse unbekannt.

Inzwischen redet Devaki über das Bewusstsein des heiligen Berges Arunachala als Manifestation von Shiva. Dazu kommt mir eine weitere Frage in den Sinn und ich hebe die Hand. Atmananda sieht mich neugierig an, sagt aber nichts.

„Glauben Sie, dass der Berg selbst Bewusstsein hat, oder ist er einfach ein Sammelbecken für das kombinierte Bewusstsein Hunderter von Yogis und Siddhas, die hier meditiert haben?", frage ich.

„Es ist beides", antwortet Devaki. Sie spricht auch von einer Legende, in der Ramana bei seinem Umherwandern auf dem Berg eines Tages eine Höhle findet, die in eine goldene Welt im Inneren führt, welche so mächtig und blendend ist, dass er, nachdem er sie verlassen hat, einen Felsblock vor den Eingang rollt, um ihn zu verbergen.

Und warum? Um zu verhindern, dass andere dort eintreten, weil er weiß, dass die Kraft der goldenen Energie sie völlig vernichten würde, wenn sie es täten. Wer hätte das gedacht? Uns Normalsterblichen entgeht der ganze Spaß.

Da fällt mir ein, dass ich vielleicht ein Foto von Atmananda und Devaki brauche, also schiebe ich vorsichtig mein Handy aus der Hosentasche, schalte die Kamera ein und mache zwei Aufnahmen. Mein Nachbar, der das alles mitbekommt, sagt nichts.

Sehr tolerant, diese Leute.

Die Fragestunde geht zu Ende. Atmananda bedankt sich bei Devaki, überreicht ihr ein Geschenk und eine Spende, und das Treffen wird beendet.

„Hallo, wie bist du hier hereingekommen?", fragt mich eine weiß gekleidete Amerikanerin, die, wie ich weiß, eng mit Atmananda zusammenarbeitet. Sie hatte die ganze Zeit hinter mir gesessen.

Hoppla! Ich gebe ihr ein mattes Lächeln. „Ich dachte, es sei eine öffentliche Veranstaltung", antworte ich verlegen.

Sie lächelt und sagt nichts.

Ich schlendere zu Gayatri hinüber.

„Ich muss was essen", sagt sie.

„Ich auch", sage ich, und auf ihrem alten Roller geht's ab in ein Restaurant in der Nähe: zu einem leckeren *Palak Paneer* für mich und einem *Masala Uttapam* für sie.

Leider wird Gayatri bald zu Ammas Ashram in Kerala aufbrechen und ich verliere meinen besten Tiru-Guide.

13.

EINE
EIGENE
LIGA

Es ist nach Sonnenuntergang und ich genieße einen köstlichen Apfelstreusel mit Mangoeis. Gleichzeitig muss ich die Zeit im Auge behalten, denn um sieben Uhr muss ich für eine Filmvorführung oben sein,.

Als ich auf das offene Dach steige, habe ich einen herrlichen Ausblick: ein großer, orangefarbener Vollmond, der im Osten aufgeht, während sich der Arunachala als dunkler, massiver Schatten im Norden abzeichnet. Es ist ein fantastisches Bild und ich tue mein Bestes, um den Moment mit meinem Handy einzufangen.

Um sieben stellt uns Matt, einer der Köche aus dem veganen Restaurant unten, den Film vor, bei dessen Entstehung er mitgewirkt hat. Er handelt von einem spirituellen Lehrer namens Adi Da Samraj, der auch unter vielen anderen Namen bekannt ist, darunter Baba Free John.

Ich wusste von Da Free John – noch ein Name, den er angenommen hat – schon vor langer Zeit, in den siebziger und achtziger Jahren, und hätte ihn mir wahrscheinlich genauer angesehen, aber wir waren nie zur selben Zeit auf demselben Kontinent. Und außerdem hatte ich, nachdem ich 1976 Osho kennenlernte, das Interesse an sämtlichen anderen Stars der spirituellen Szene verloren.

Durch die Inspiration von Da Free John haben Matt, seine Partnerin Deb und ein weiteres Paar, Donald und Roos, das *Da Mantra* eröffnet, ein rein veganes Restaurant, das schön aussieht, sich schön anfühlt und selbstverständlich auch schön schmeckt.

Das *Da Mantra* steht allein auf weiter Flur. Vielleicht ist das eine passende Metapher, denn es gibt in Tiru nichts Vergleichbares. Das Essen ist fantastisch, und obwohl ich es mir nicht leisten kann, hier so oft zu essen – die Preise sind für mein bescheidenes Budget ein wenig zu hoch –, tue ich es, wann immer ich kann.

Ob Spaghetti, Falafel oder hausgemachtes Curry – die Portionen sind riesig. Tatsächlich habe ich ein paar Mal ein Essen mit jemandem geteilt, und es war mehr als genug für uns beide. Aber den Apfelstreusel kann ich mit niemandem teilen – der ist nur für mich.

Essen mit einer Botschaft –
das „Da Mantra".

Häufig gibt es ein unterhaltsames Abendprogramm. Letzten Sonntagabend beispielsweise gab eine Bhajan-Sängerin namens Ganga Ma, eine Anhängerin von Atmananda, ein wunderbares Konzert, bei dem sie etwa 50 Gäste zu anmutigem, harmonischem Chanten zusammenbringen konnte.

Ich weiß noch nicht, ob das Ziel von Da Mantra darin besteht, die Vision von Da Free John zu teilen oder die vegane Ernährung als Lebensweise zu fördern - vielleicht beides. Beides geschieht jedoch auf unaufdringlichen Weise, ohne jede Art von Fanatismus. Das vegane Essen spricht für sich selbst, und dieser Film wird heute speziell für Interessierte gezeigt.

Während ich mir den Film anschaue, sehe ich, dass Adi Da die gleiche Botschaft vermittelt wie Osho, Ramana und alle Mystiker: Wir leben ein Traumleben, in der Illusion, getrennt zu sein. Wenn wir zu dem erwachen, was Adi Da „The Bright' (das Leuchtende) nennt, erkennen wir, dass wir reines Bewusstsein sind und schon immer waren. Der Film endet mit der Feier von Adi Das Verabschiedung aus dem Körper 2008 in seinem Retreat-Zentrum auf einer der Fidschi-Inseln.

Als ich anschließend nach der Verbindung zwischen Adi Da und der veganen Ernährung frage, erzählt mir Matt, dass dem Mystiker viel daran gelegen war, die gesündeste Ernährungsweise für seine Schüler - und darüber hinaus für die Allgemeinheit - herauszufinden. Das Restaurant ist also eine Möglichkeit, die Erkenntnis von Adi Da zu teilen, dass die Menschen gesünder - und mit mehr Bewusstheit und geistiger Klarheit - leben, wenn sie keine tierischen Produkte essen.

Nebenbei möchte ich erwähnen, dass ich Anfang der achtziger Jahre mit Osho auf der Oregon-Ranch war, zu einer Zeit, als die Medien Anschuldigungen gegen Adi Da verbreiteten, wonach er bei einigen seiner Anhänger Gehirnwäsche und sexuellen Missbrauch betrieben hätte. Damals erzählte mir eine Freundin, die auf unserer Ranch in der PR-Abteilung arbeitete, sie habe einen Anruf von einem engen Mitarbeiter von Adi Da erhalten, der um Rat fragte, wie man mit einer solchen Situation umgehen solle.

Durch unsere Zeit mit Osho auf der Ranch waren wir natürlich Experten auf dem Gebiet der Kontroverse. Wie ich mich erinnere, riet meine PR-Freundin diesen Leuten, die durch so viel Publicity gebotene Gelegenheit zu nutzen, um ihre eigene Botschaft rüberzubringen, und sie wünschte ihnen viel Glück.

Das Da Mantra nähert sich dem Ende seiner ersten vollen Saison. Es wird Ende März geschlossen und soll im November wieder geöffnet werden.

„Erst wenn wir im April unsere Bücher durchgehen, werden wir sehen, wie es uns finanziell geht", sagt Debbie. Hoffentlich haben sie gut gewirtschaftet, um in der nächsten Saison wieder aufmachen zu können. Sie scheinen auf jeden Fall einen begeisterten Kundenkreis zu haben. Nun werde ich den leckeren Nachgeschmack des Apfelstreusels noch ein wenig auskosten und ihn mit köstlichem Ingwer-Kombucha-Tee schlückchenweise genießen. Guten Appetit!

14

GURUS
UND IHRE
FREUNDINNEN

Melanie war mit ihrem Guru im Bett. Schon bevor es passierte, sprach sie lachend von ihm als „mein Ehemann". Mit ihren vierzig Jahren und einer gehörigen Portion Lebenserfahrung im Rucksack kann Melanie wohl kaum als klassisches #MeToo-Opfer bezeichnet werden, obwohl sie bis zu einem gewissen Grad in diese Kategorie passt.

„Von dem Moment an, als ich sein Foto sah, fühlte ich mich zu ihm hingezogen", erinnert sie sich und beschreibt ihre Affäre mit einem Mann, der etwa zehn Jahre älter ist als sie selbst. „Ich wollte ihn treffen und mit ihm reden. Es muss schon beim ersten Satsang offensichtlich gewesen sein, denn auch er sagte mir, er wolle mit mir reden. Er lud mich zum Abendessen ein, und am darauffolgenden Abend landeten wir im Bett."

Melanie, die aus London kommt, erläutert, dass es zuerst so aussah, als würden sie sich als zwei reife Erwachsene begegnen, doch bald bekam sie das Gefühl, in einen – wie sie es nannte – „Opfer-Space", eine Opferhaltung zu schlittern.

„Ich wurde zum verlorenen kleinen Mädchen, und er würde mein Retter sein, mein spiritueller Papa", erinnert sie sich. „Doch er hat mir nicht erlaubt, in diesem Zustand zu verharren. Er wies mich immer wieder darauf hin, und so schaffte ich es, mich da herauszuarbeiten."

Melanie tritt leidenschaftlich dafür ein, durch die Erfahrungen des Lebens zu lernen. Die Intensität leuchtet in ihren Augen, während sie ihren Kaffee schlürft und dabei ihre Liebesaffäre Revue passieren lässt.

„Man könnte natürlich sagen, dass er es nicht hätte zulassen dürfen, aber ich mache ihm keinerlei Vorwürfe", sagt sie. „Wenn alles nicht so gelaufen wäre, wie es gelaufen ist, hätte ich niemals eine so wichtige Lernerfahrung gemacht."

Ihr Guru ist jetzt nach Rishikesh umgezogen und sie fragt sich, ob sie sich ihm anschließen soll. Sie zögert noch. Irgendwie spürt sie, dass es nicht der richtige Zeitpunkt ist, und außerdem – so gesteht sie mit einem Kichern – hat sie bereits jemand anderen kennengelernt – keinen Satsanglehrer, sondern einen Inder, der eine ähnliche spirituelle Intensität besitzt.

„Diesmal ist es das Herz. Es ist kein Sex im Spiel. Aber man weiß ja nie", sinniert sie. „Sex kann immer ins Spiel kommen. Dann werde ich mich entscheiden müssen, ob ich das will."

Dieser Tage scheinen alle auf dem Weg nach Rishikesh zu sein. Eine andere Freundin von mir, ein paar Jahre älter als Melanie, wird dort an einem Retreat mit John de Ruiter, einem kanadischen Mystiker, teilnehmen. In der Vergangenheit hat er oft in Tiru Satsangs gegeben und Retreats geleitet, aber in diesem Jahr steht er nur in Rishikesh zur Verfügung.

Ich traf John vor langer Zeit, Ende der Neunziger Jahre, als er das *Osho Resort* in Pune besuchte. Wir fingen gerade ein Gespräch in der Nähe des Haupttors an, als eine attraktive junge Deutsche uns unterbrach, John direkt in die Augen sah und zu ihm sagte: „Ich möchte mit dir schlafen."

John zeigte sich erstaunt. „Oh" war alles, was er dazu hervorbrachte. Auch ich war verblüfft. Ich hatte mich zu dieser Frau hingezogen gefühlt und dachte, bei ihr sei eine langsame, allmähliche Annäherung angezeigt. Doch hier stand sie nun und sprach Klartext, um an eine Guru-ähnliche Figur heranzukommen.

Soweit ich weiß, wurde diese Verbindung nicht fortgesetzt, denn man ließ John ins Empfangsbüro kommen und teilte ihm mit, er könne nicht bleiben. Warum nicht? Nun, nicht wegen irgendeines sexuellen Fehlverhaltens. Die zuständigen Leute im *Resort* machten sich eher Gedanken, dass John den Ort dafür nutzen könnte, Anhänger für sich zu gewinnen, und das war nicht erlaubt. Das war die allgemeine Regel im Umgang mit Gurus, nicht speziell wegen John de Ruiter.

Etwa fünfzehn Jahre später, nachdem John eine internationale Fangemeinde gewonnen hatte, war er in einen größeren Skandal verwickelt, der vor allem in Edmonton, Kanada, wo sein Hauptquartier ist, große Wellen in den Medien schlug. Zwei schöne Schwestern, deren Vater John finanziell unterstützt hatte, reichten eine Zivilklage gegen ihren Guru ein. Sie behaupteten, er habe sie beide zu einer geheimen Dreiecksaffäre verführt, während er weiterhin mit seiner Ehefrau zusammenlebte.

Dem Bericht einer kanadischen Zeitung zufolge behauptete eine der Frauen überdies, dass de Ruiter öffentlich eine Botschaft von ehelicher Treue und Aufrichtigkeit predige, während er ihr privat zugeredet habe, sich ihm hinzugeben, weil es Gottes Wille sei. Weitere Enthüllungen über Affären mit anderen Frauen in der Gemeinschaft kamen dann kurz darauf ans Licht. Es gab ein großes Durcheinander. John scheint das Ganze jedoch überlebt zu haben, denn er bietet nach wie vor Meditationsretreats an. Zu einem solchen will meine Freundin hinfahren.

Hier gibt es ein paar Dinge für mich zu klären:

Erstens: Wie wir wissen, hat der Bekanntheitsgrad der #MeToo-Bewegung die öffentliche Aufmerksamkeit darauf gelenkt, wie sehr Männer in Machtpositionen versucht sind Frauen sexuell auszubeuten, die als Untergebene für sie arbeiten bzw. sich um Rat und Führung an sie wenden oder, wie hier, hingebungsvolle Anhänger sein wollen.

Dies ist ein riesiges Thema und hat zur Aufdeckung von Fehlverhalten in der spirituellen Welt wie auch überall sonst geführt. Je besser diese Strukturen verstanden werden, desto besser sind die Frauen vorbereitet und davor geschützt.

Zweitens gibt es eine Unterkategorie, in der einige Frauen - ähnlich wie Groupies, die hinter Rockstars her sind - bereit sind ihre Sexualität einzusetzen, um persönlichen Zugang zu männlichen spirituellen Lehrern zu bekommen. Dies ist eine Grauzone, denn obwohl es keinen Zwang, keinen Druck gibt, ist dennoch ein gewisses Maß an Ausbeutung vorhanden - möglicherweise auf beiden Seiten.

Drittens scheint es mir, dass in diesen modernen, emanzipierten Zeiten keine Notwendigkeit für Heuchelei mehr besteht. Anderen Menschen den Zölibat und eheliche Treue zu predigen, während man selbst insgeheim sexuelle Freiheit genießt, ist einfach heuchlerisch.

Wenn man selbst an sexuelle Freiheit glaubt, warum räumt man nicht allen das gleiche Recht ein? So lebten wir es damals in den Siebzigerjahren in Pune. Wir waren weltbekannt als „Ashram der freien Liebe", in dem Männer und Frauen ermutigt wurden, ihre sexuelle Energie zu erforschen und gleichzeitig eingeladen wurden, tief in die Meditation einzutauchen.

Oshos Botschaft an die Welt lautete: Zölibat und sexuelle Treue haben nichts mit Spiritualität und Meditation zu tun. Sex sollte eine spielerische Angelegenheit sein, und zwei Menschen sollten nur so lange zusammenbleiben, wie sie in Liebe verbunden sind.

Deshalb mögen alle spirituellen Lehrer freundlicherweise zur Kenntnis nehmen: Habt den Mut – wie wir damals –, wahrhaftig und echt zu sein. Predigt, was ihr lebt, und lebt, was ihr predigt. Wenn ihr kein *Brahmacharya*, kein zölibatär lebender Mensch seid, dann behauptet nicht, ihr wäret es. Wenn ihr für Ehrlichkeit eintretet, dann fangt bei euch selbst damit an.

Nachdem ich dies nun vom Stapel gelassen habe, muss ich noch eine weitere Dimension hinzufügen. Es hört sich vielleicht seltsam an, ist aber nach meiner persönlichen Beobachtung wahr: Um Menschen zu helfen, muss man kein Heiliger sein – man kann auch lügen, stehlen und betrügen, ein Heuchler sein, ein männliches chauvinistisches Schwein oder, im umgekehrten Fall, eine weibliche Nervensäge. Ich sage damit nicht, dass man irgendetwas davon sein sollte. Ich sage nicht, dass diese Eigenschaften lobenswert oder verzeihlich seien. Ich sage nur, dass Spiritualität ein völlig anderes Spiel ist als konventionelles moralisches Verhalten. Die beiden treffen sich nicht.

In ihrem Buch *Holy Hell: A Memoir of Faith, Devotion, and Pure Madness* („Heilige Hölle: Memoiren des Glaubens, der Hingabe und des reinen Wahnsinns"), blickt die Autorin Gail Tredwell hinter das mütterliche Image von Amma, der „umarmenden Heiligen" (Hugging Saint) und hat mit ihren Vorwürfen über missbräuchliches Verhalten einen größeren internationalen Skandal ausgelöst.

Tredwells Berichte mögen zwar zutreffend sein, aber sie ändern nichts an der Tatsache, dass Amma ein

Kraftwerk kosmischer Energie ist, das die ganze Welt umarmen und Tausenden von Menschen einen Vorgeschmack der göttlichen Liebe geben kann.

Versteht ihr, was ich meine?

Im vergangenen Jahr hat einer dieser „Sektenbeauftragten" versucht, Mooji als spirituellen Lehrer zu diskreditieren. Was er aufzeigte, beruhte zum Teil vielleicht auf Fakten, aber Moojis Satsangs werden immer noch jenen Menschen zugutekommen, die zu ihnen hingehen. Und deshalb entscheidet sich eine intelligente Frau wie meine Freundin, die sich der Skandalgeschichten um John de Ruiter vollkommen bewusst ist, immer noch dafür, an seinem Retreat teilzunehmen, um die Zustände des universellen Bewusstseins zu genießen, die er mit anderen zu teilen vermag.

Ich möchte dies sehr nachdrücklich wiederholen: Ich sage das nicht, um missbräuchliches Verhalten zu rechtfertigen. Ganz und gar nicht. Aber was ist, das ist. Die schlichte Tatsache ist: Man kann ein spirituelles Phänomen nicht mit dem Moralkodex messen.

Gutmeinende Zeitschriften, die Punkt für Punkt Ratschläge veröffentlichen, wie man es vermeiden kann, Opfer spiritueller Ausbeutung zu werden, verschwenden nur ihre Zeit. Es könnte sein, dass jemand alle Kästchen des Tests ankreuzt und sich trotzdem als völliger Blindgänger oder, was wahrscheinlicher ist, als raffinierter Schwindler entpuppt.

Was bleibt also? Worauf es letztlich ankommt, ist, dass du wie Melanie deine eigene Entscheidung treffen musst. Auf der Grundlage dessen, was du in der Gegenwart von jemandem erlebst, musst du entscheiden, ob es in Ordnung ist, mit dieser Person zusammen zu sein - und in welcher Art und Weise.

Bei deiner Entscheidung können moralische Fragen eine Rolle spielen, auch deine persönlichen Vorlieben können ein Faktor sein, aber darüber hinaus werden spirituelle Erfahrungen immer ihre eigene, ausgeprägte und separate Rolle spielen. Erwarte nicht, dass alles zusammen einen Sinn ergibt.

Wenn du anfängst Fragen zu stellen wie: „Dieser Typ scheint ein Arschloch zu sein, wie kann er mein drittes Auge öffnen?", kann es sein, dass du Kopfschmerzen bekommst, weil die Antwort vielleicht nicht deinen Vorstellungen entspricht.

Du bist derjenige, der es entscheiden muss. Andere Menschen mögen deiner Meinung sein oder auch nicht. Die Gesellschaft könnte dich für verrückt erklären. Darum geht es nicht. Am Ende liegt es in deiner eigenen, höchstpersönlichen Verantwortung.

Die Verantwortung, mein Freund, meine Freundin, hast du allein. Das ist das Risiko – und das ist deine Freiheit.

15.

FAST EINE NAHTOD-ERFAHRUNG

Er gab sein Bestes, um erleuchtet zu werden, aber eine Putzfrau hinderte ihn daran. Als ich sah, wie das Ganze ablief, musste ich schmunzeln: ein anschauliches Beispiel dafür, wie die alltägliche Welt einem Wahrheitssuchenden Probleme bereiten kann.

Es war mitten am Vormittag im Ramana-Ashram. Ich war ohne eine bestimmte Absicht gekommen, nur mit dem Wunsch, hier zu sein und die ruhige Atmosphäre zu genießen. Als ich die Stufen vorbei am Büro auf dem Hauptweg des Ashrams hinaufging, bog ich nach links in die erste Meditationshalle ein, in der Ramana manchmal mit seinen Schülern saß und die jetzt als eine Art Vorraum für das Samadhi seiner Mutter dient. An einer Wand befindet sich eine große Inschrift, die eine der kritischen Phasen in Ramanas spiritueller Entwicklung beschreibt – seine Nahtoderfahrung im Alter von sechzehn Jahren:

„Der Schrecken der Todesangst trieb meinen Verstand nach innen, und in Gedanken sagte ich mir, ohne die Worte wirklich zu fühlen: ‚Nun ist der Tod da, was bedeutet das? Was stirbt eigentlich? Dieser Körper stirbt.' Und ich dramatisierte sogleich den Eintritt des Todes: Ich lag mit steif ausgestreckten Gliedern da, als hätte die Todesstarre schon eingesetzt, und ahmte eine Leiche nach, um meiner Frage realistischer zu begegnen ..."

Dass dieses Ereignis einen so hervorgehobenen Platz erhielt, macht deutlich, welch große Bedeutung die Ashramleitung, vielleicht auch Ramana selbst, seiner Nahtoderfahrung beigemessen haben.

An diesem Punkt fiel mir ein westlicher junger Mann auf, der auf dem Rücken lag, nahe an der Wand auf der anderen Seite der Halle.

body dies: And I. at once dramatized the occurrence of death. I lay with my limbs stretched out stiff as though *rigor mortis* had set in and imitated a corpse so as to give greater reality to the enquiry. I held my breath and kept my lips tightly closed. so that no sound could escape, so that neither the word 'I' nor any other word could be uttered. 'Well then: I said to myself, 'this body

Die Inschrift, die eine kritische Phase in Ramanas spirttueller Entwicklung beschreibt.

Er schlief nicht, übte auch keine Entspannung, sondern lag ziemlich steif da. Es war offensichtlich, dass er das Experiment nachmachte: Er wollte Ramanas Worte benutzen, um zu sehen, ob er wenigstens den Geschmack von Ramanas Untersuchung über den Tod erhaschen konnte.

Aber es sollte nicht sein. Eine Inderin mittleren Alters, die ein paar Blumen weggeräumt hatte, die als Opfergaben in einem anderen Teil der Halle niedergelegt worden waren, bemerkte ihn ebenfalls. Sie gehörte eindeutig zum *Staff* und wollte es nicht zulassen, dass jemand hier rumliegt, was in ihren Augen ein Zeichen von Respektlosigkeit war. Sie ging durch die Halle, pflanzte sich über dem jungen Mann auf und sagte: „Bitte setzen Sie sich auf!"

Er muss gewusst haben, dass sie mit ihm redete, aber in dem vergeblichen Bemühen, seine Untersuchung fortzusetzen, blieb er liegen, die Augen fest geschlossenen ... Vielleicht hat er sich in dieser

Situation gesagt: Wenn die eigentliche Konfrontation die mit dem Tod ist, was spielt dann die triviale Begegnung mit einer Putzfrau schon für eine Rolle?

Er hatte aber keine Chance sie zu ignorieren.

„Setzen Sie sich auf!", sprach sie laut und deutlich. „Hinlegen ist hier nicht erlaubt!"

Widerwillig gab der junge Mann nach. Er setzte sich auf, brachte sich in die Lotusposition und blieb noch ein paar Minuten, gab dann aber seinen Versuch zu meditieren auf und ging hinaus. Der Moment war verstrichen, und seine „Begegnung mit dem Tod" war nicht die Erfahrung gewesen, die er sich erhofft hatte.

Dieser kleine Vorfall lässt mich fragen: Wenn heutzutage ein Wanderer auf dem Berg auf jemanden wie Ramana trifft, der allein dasitzt und gar nichts tut, dann wird er sofort sein Handy zücken, einen Rettungswagen rufen und sagen: „Kommen Sie schnell! Hier ist jemand, der dehydriert und desorientiert ist – und er scheint nicht zu wissen, wer er ist!"

16.

DIE LETZTE BERG-BESTEIGUNG

Es ist bald Zeit zu gehen. Ich kann es fühlen. Ich könnte noch bleiben, aber ich weiß, dass die Hitze ohne Klimaanlage demnächst unerträglich sein wird, und das ist für mich kein Spaß. Mit Klimaanlage bedeutet, mehr Zeit drinnen verbringen zu müssen, gefangen in einer künstlichen Eisgrube.

Weil Darshan diesmal noch nicht oben bei den Arunachala-Höhlen war, lädt sie mich ein, sie zu begleiten, bevor sie abfährt. Mein Husten hält sich zwar hartnäckig, doch ich fühle mich stark genug, um mit ihr zu gehen.

Als ich vorschlage, dass wir um 7 Uhr früh starten, schenkt sie mir ein Lächeln und einen Augenaufschlag. „Wie wär's mit 8 Uhr 30?" Sie will das luxuriöse Frühstück in ihrem Hotel nicht sausen lassen.

Um 8 Uhr 25 wartet sie am Eingang des Ramana-Ashrams auf mich und wir gehen zusammen über den Seitenweg zum Hinterausgang, damit wir unsere Schuhe nicht ausziehen müssen.

Als wir uns dem Ausgang des Ashrams nähern, sehe ich ein paar Bettler, die darauf warten, uns zu begrüßen und ich gebe ihnen ein freundliches Namasté, lasse sie aber mit leeren Händen dastehen. Nach vierundvierzig Jahren in Indien bin ich immun gegen ihr Flehen.

Bald kommen wir an Ramanas Bild vorbei, wo er in Meditation sitzt, mitten im Grünen – der Spendenaufruf zur Wiederaufforstung.

„Wir können Pausen machen, wann immer du willst", sagt Darshan – und wir machen oft Pausen. Eigentlich ist es wunderbar, so geruhsam den Berg hinaufzusteigen, langsam und entspannt, ohne sich auf das Erreichen des Ziels zu konzentrieren.

Aber es ist auch wahr, dass ich merklich schwächer bin als bei meinem Aufstieg zu Beginn meines Aufenthalts. Das Kranksein hat seinen Tribut gefordert. Ich sage scherzend zu Darshan, ich hätte mir irgendwo ein Stethoskop von einem örtlichen Doktor ausleihen sollen, dann könnte sie jetzt meine Brust abhören.

„Also zumindest machst du beim Atmen kein pfeifendes Geräusch", sagt meine fachkundige Arztfreundin. „Und wenn du eine Lungenentzündung hättest, hättest du es gar nicht bis hierher geschafft. Ich würde also sagen, es geht dir gut."

Wir gehen weiter, navigieren uns durch eine kleine Gruppe von Affen und finden uns dann auf dem Felsvorsprung wieder, der den besten Ausblick bietet. Von hier sehen wir Tiruvannamalai, das sich zu unseren Füßen ausbreitet, und hören das stete Autohupen und die dröhnenden Motorräder, die zu uns emporschallen.

Dann geht es leicht abwärts zur Skandasram-Höhle, wo sich schon eine stattliche Anzahl von Besuchern eingefunden hat. Leise Grußworte kommen uns von den Wächtern am Tor entgegen, die – da bin ich mir sicher – auf ein Trinkgeld bei unserem Rausgehen hoffen.

Eine Zeitlang genieße ich es einfach, unter den Bäumen zu sitzen, aber dann fragt mich Darshan, ob ich mit ihr in den ersten Durchgang, der zur Höhle führt, gehe; in einem Balkonbereich können dort etwa ein Dutzend Leute sitzen.

Keiner von uns beiden hat Lust, das innere Heiligtum zu betreten, die eigentliche Höhle, die zwar eine stärkere Energie haben mag, aber kleiner, dunkler und beengter ist.

Ich ruhe mich gerne schweigend hier aus, weil ich irgendwie das Gefühl habe, sanft in das Energiefeld des

Berges hineinzusinken. Ehrlich gesagt habe ich aber nahezu das gleiche Gefühl, wenn ich in meinem Zimmer sitze. Wie ich schon sagte, das Energiefeld ist größer als der Berg.

Da es so viele Menschen aus dem Westen nach Tiru zieht, bin ich offenbar nicht der Einzige, der für dieses Feld empfänglich ist. Erst neulich abends sprach ich mit einer jungen Mutter, die regelmäßig in den Ashram kommt, um das abendliche Singen zu genießen.

„Egal, wohin ich auf der Welt reise, es zieht mich immer wieder hierher zurück", sagt sie nachdenklich. Nach einer Weile beginnen sich andere Orte einfach ... leer anzufühlen."

Für mich gibt es noch andere meditative Energiefelder in verschiedenen Ländern, aber es gibt nicht so viele, und die meisten haben nicht diese große Reichweite.

Nach etwa einer Stunde sind Darshan und ich bereit für die Reise nach unten. Als wir wieder zum Weg zurückkommen, werfe ich einen Blick nach oben zum Himmel. Es ist bewölkt, und das hält die Temperatur auf einem sehr angenehmen Niveau.

„Weißt du, das wäre doch ein idealer Tag, um auf den Gipfel des Berges zu wandern", sage ich zu Darshan.

Sie schaut nicht zum Himmel. Sie schaut mich mit der gespielten Strenge einer Ärztin an, die einen widerspenstigen Patienten überwacht.

„Du hast recht", sagt sie, „aber vergiss es einfach! Das sagt dir dein Doktor!"

Auf halbem Weg begegnen wir einer dänischen Freundin, die an der Seite zwischen den Felsen steht und in ihr Handy spricht, das sie mit einem Selfie-Stock vor sich hinhält. Zu Hause ist sie eine spirituelle Lehrerin, und hier, an diesem glücksverheißenden Ort, ist sie wohl damit beschäftigt, einen neuen Videoclip für ihre Schüler aufzunehmen - direkt vom Arunachala.

Dies ist kein guter Moment, um ihr zuzuwinken oder ihre Aufmerksamkeit zu erhaschen.

Als Nächstes begegnen wir einer jungen indischen Familie - Vater, Mutter und zwei Kindern -, die auf ihrem Weg nach oben Halt gemacht hat. Der Vater sieht mich mit leicht verzweifeltem Ausdruck an.

„Wie weit ist es noch bis zu den Höhlen?", fragt er. Ich bin mir nicht sicher, wer müder ist, die Kinder oder er.

„Etwa zwanzig Minuten", versichere ich ihm. „Macht einfach langsam, Schritt für Schritt. Ihr schafft das schon!"

Wir kommen wieder am hinteren Tor des Ashrams an, gehen durch bis zur Hauptstraße und suchen Zuflucht in einem örtlichen Coffee Shop, wo wir uns mit einer entspannenden Plauderei nach unserem Ausflug belohnen.

„Weißt du, ich glaube, dass Osho ebenfalls Advaita gelehrt hat", überlegt Darshan. „Er hat zwar darauf bestanden, seine eigene Ausdrucksform zu verwenden, aber es ist die gleiche Botschaft."

Ich konnte ihren Standpunkt verstehen. „Ja, das ist wahr", stimme ich ihr zu. „Aber er mochte keine definierten Begriffe wie ‚das Selbst' verwenden, weil er wusste, dass wir uns daran klammern würden, um dem Ego sein Überleben zu sichern. Deshalb trug seine letzte Vortragsreihe auch den Titel *Das Zen-Manifest: Freiheit von sich selbst*.

„Aber trotzdem geht es doch darum, dass das kleine Selbst mit dem absoluten Selbst verschmilzt", sinniert Darshan.

„Es geht nicht ums Verschmelzen", insistiere ich, „sondern ums Verschwinden!"

Wir schauen uns an, verbeugen uns in gegenseitiger Anerkennung unserer Weisheit und unterschiedlichen Sichtweisen - und lachen, während wir spielerisch unsere Tassen zum Gruß erheben, als wollten wir uns zuprosten.

Zwei Selbste auf dem Pfad des Verschwindens.

ÜBER DEN AUTOR

Subhuti Anand Waight, Brite, ist ein ehemaliger politischer Journalist, der seit 40 Jahren eine Art Liebesbeziehung zu Indien hat. Er war viele Jahre bei Osho, lebte in Pune und kennt Indien wie seine eigene Westentasche.

Er hat Motorradtouren durch den Himalaja gemacht, Yoga-Kurse in Rishikesh absolviert, tibetische Klöster in Dharamsala besucht und ausgiebige Strandferien in Goa genossen.
Mittlerweile arbeitet er als freiberuflicher Journalist und Ghostwriter und schreibt eigene Bücher. In diesem Buch schreibt er über seinen ersten Besuch in Tiruvannamalai und dem Berg Arunachala, im Januar 2020, als das freie Reisen noch ohne Probleme möglich war.

www.subuthianand.com

Advaita

Der spirituelle Weg des Advaita ist ein non-dualer Zustand des Bewusstseins; „Erwachen" bedeutet, alle Dualität zu überwinden, das Ich aufzugeben und in die Große Einheit einzugehen.

Advaita-Hauptstadt

Tiruvannamalai im südindischen Bundesstaat Tamil Nadu ist ein Kraftort, wo Ramana Maharshi die Erleuchtung fand und den Großteil seines Lebens in Höhlen am Berg Arunachala lebte;

Arunachala

Berg in Tiruvannamalai mit starkem Energiefeld; wo Ramana Maharshi in Meditation lebte und zur Erleuchtung gelangte; gilt traditionell als heiliger Berg und Wallfahrtsort im Hinduismus. Sein Name bedeutet „Berg des Lichts" oder „Berg der Morgenröte".

Arunachaleswara

einer der größten Tempel Südindiens, dem Gott Shiva geweiht.

Atman

höchstes Selbst (urspr. „Lebenshauch", „Atem"); Advaita betrachtet Atman als identisch (nicht-zwei, „advaita") mit dem absoluten Selbst (Brahman), d.h. dem wahren Selbst, das bei allen Wahrnehmungen, Gedanken und Gefühlen unverändert bleibt.

Auroville

Vision einer „universellen" Stadt, basierend auf der Gesellschaftstheorie von Sri Aurobindo. Eine Architektengruppe erarbeitete die Entwürfe für eine Stadt der Zukunft für etwa 50.000 Bewohner in Form einer Spiralgalaxie um den Zentralbau Matrimandir (s. dort), der nach langjähriger Bauzeit vollendet wurde.

Beedi

indische, zigarettenähnliche Tabakware aus einem Hüllblatt und Tabak oder anderen Kräutern als Füllung.

Bhajan

von: bhaj, „verehren": indische Tradition des Singens von Liedern mit religiöser oder spiritueller Hingabe (Bhakti)

Bhakti

„Hingabe" als spiritueller Weg

Brahmacharya
　sexuelle Enthaltsamkeit, Zölibat
Brahmane
　im indischen Kastensystem ein Angehöriger der obersten Kaste;
　im Hinduismus ist es Vorrecht und Pflicht der Brahmanen, Lehrer
　des Veda und Gelehrte zu sein. Bis heute stellen hauptsächlich sie
　die Priester; im modernen Indien üben sie jeden Beruf aus.
Chanten
　Singen von Chants (Gesängen), s. auch Bhajan, Mantra
Chennai
　Hauptstadt des Bundesstaates Tamil Nadu, ehemals Madras.
Dengue-Fieber
　durch den Stich einer Stechmücke verursachte Krankheit, deren
　Ursache eine Infektion mit dem Dengue-Virus ist
„Die Mutter"
　Mirra Alfassa (* 21.2.1878, † 17.11.1973), war seit den 1930er Jahren
　Organisatorin des Sri Aurobindo Ashrams in Pondicherry; hatte
　die Vision für das Matrimandir.
Ego-Selbst
　Auffassung im klassischen Advaita: Weil wir mit dem Ego-Selbst
　identifiziert sind, bleibt uns das Wahre Selbst, das alles durch-
　dringt, verborgen.
German Bakery
　bekannte „Deutsche Bäckerei" in Tiruvannamalai und anderen
　Touristenorten in Indien.
Girivalam-Route
　Pilgerweg auf dem äußeren Ring um den Berg Arunachala.
Lucknow
　Hauptstadt von Uttar Pradesh, wo der Advaita-Lehrer Papaji (H. W.
　L. Poonja) lebte und lehrte.
Mahasamadhi
　Grabdenkmal, Gedenkstätte für einen Erleuchteten.
Mala
　eine im Hinduismus und Buddhismus gebräuchliche Gebetskette.
Mantra
　energiegeladenes Wort, heiliger Spruch, Gebet, ein vedisches Lied

Matrimandir

„Tempel der Mutter", Zentralgebäude der 1968 gegründeten südindischen Stadt Auroville. Die Grundidee stammt von Mirra Alfassa, der geistigen Mitarbeiterin Aurobindos („Die Mutter" genannt). Das Gebäude dient Bewohnern und Besuchern Aurovilles als Ort der stillen Meditation und Kontemplation. Es ist keiner bestimmten Religion oder Sekte zugeordnet.

Namasté

indische Begrüßung mit vor der Brust zusmmengelegten Handflächen. Würdigt das Göttliche in uns und unserem Gegenüber.

Pradakshina

anderer Name des Pilgerwegs rund um den Arunachala.

Prasad

„Geschenk", Gunst, Gnade; rituelle Opferspeise/n im Hinduismus, die im Rahmen von Satsangs, Pujas und anderen Zeremonien eingenommen werden.

Rishikesh

am Fuße des Himalaya gelegene, bekannte Pilgerstadt, am heiligen Fluss Ganges, mit einer Vielzahl an Tempeln und Ashrams. Die Stadt zieht jährlich Tausende von Pilgern und Touristen an, sowohl aus Indien als auch aus westlichen Ländern. Sie beherbergt etliche Yoga-Zentren, die teilweise auf eine lange Tradition zurückblicken. Rishikesh hat daher den Ruf, die „Yoga-Hauptstadt" der Welt zu sein.

Sadhu

Sanskrit: „gut, guter Mann, heiliger Mann", im Hinduismus ein frommer Asket und eine heilige Person, die sich dem Erreichen von Moksha (Befreiung) durch Meditation und Kontemplation verschrieben hat.

Samadhi

Bewusstseinszustand und auch das Grabmal, die Gedenkstätte eines/einer Erleuchteten (s. Mahasamadhi).

Satsang

Zusammentreffen mit einem spirituellen Lehrer („Guru", „Meister"), der als „erleuchtet" oder „erwacht" gilt. Während des Satsangs stellen die Schüler in der Regel Fragen, auf die der Lehrer antwortet.

Siddha

praktizierender Yogi.

Shaktipat

die Energieübertragung des Meisters auf seine Schüler, als Initial-zündung für den weiteren spirituellen Weg.

Skandashram

Höhle, in der Ramana sieben Jahre lang lebte, nachdem er zum Arunachala gekommen war.

Sri Aurobindo

indischer Politiker, Philosoph, Hindu-Mystiker, Yogi und Guru. Er verband in seiner Person die humanistische Bildung und das Wissen des Westens mit den Weisheitslehren und spirituellen Traditionen Indiens.

Thali

traditionelles indisches Essen mit verschiedenen Gemüsen (und Fleisch) und Linsen (Dhal) auf einem großen Blechteller serviert.

Veden

heilige indische Schriften.

Virupakshi

eine der Höhlen im Berg Arunachala, in denen Ramana Maharshi lebte.

Mehr gute Bücher

www.innenwelt-verlag.de